U0058193

護理照顧的倫理實踐

Ethical Practice in Nursing Care

當我看到天上的彩虹時，我總是在想

如何將彩虹的美與榮耀，帶進醫院，帶到病人病床的旁邊……

Florence Nightingale.

蔣欣欣　著

❖ 作者簡介 ❖

蔣欣欣 ——

　　現任陽明大學護理學系暨研究所教授。國防醫學院護理學研究所畢業，曾赴美國加州大學護理學院進修家庭護理學，專長為「護理倫理」、「團體心理治療」、「護理教育」和「質性研究」，有 40 多篇相關論文於國內外雜誌發表；曾與余玉眉、田聖芳共同編著《質性研究》一書。目前於陽明大學護理學系所主授「護理倫理」、「護病關係」、「精神衛生護理學」及「團體治療」等課程，並擔任台灣生命倫理學會理事、中華團體心理治療學會理事及團體心理治療督導。

當我們面對自己時
（代序）

余玉眉

　　當我們拿起鏡子照著自己時，我們常會在鏡中發現連自己也不覺得熟悉的影像。那麼，為什麼呢？為什麼我們會那麼不認識自己呢？Jersild 認為認識自己是最困難也是最痛苦的事（註一），因此我們就常逃避著去面對著自己，Jersild 又認為因為人們這樣地不能夠接受自己，而致使其個人各方面之生長遭遇到了阻礙（註二）。

　　這種人們之行為，編者在教學中往往很感無能為力，眼睜睜看著無知的學生走向這種可悲的途徑。記得有一次編者在產科病房和同學們一起實習，那一次我們遇到一位懷著無腦症之胎兒而住院生產之高齡初產婦，編者有目的地將這位孕婦分派給一位同學，經過一段時間的接觸與觀察，編者發現這一位學生好像一直逃避著這一位孕婦，往往置孕婦之需要與問題於不顧，結果，護生與病人之間的關係進行的很不理想。當關係之惡劣達最明顯化的一天，這一位同學因公必須早退幾小時，離開實習單位時，除了向編者道聲禮節上之「再見」外，還

附加了一句編者意料不及的話：「……真可惜我必須早走，我覺得在病房蠻好的嘛！」聽完這一句話編者實在感到非常地難過，難道這位同學不知道自己一直以來做了什麼嗎？事後，在一次個別談話中，當編者將那幾天所看到的，以及所感覺到的種種，一五一十地說給這位同學聽時，這位同學最初還顯得很疑惑，不過最後她流著眼淚說出為什麼變成「這個樣子」的理由。她的理由是：以前曾有一段時期突然地在教員面前表現的很不理想，因此，對自己開始慢慢地失去自信心，最後乾脆採取「應付」的態度，有時，明知道這樣混下去不是辦法，但自己卻無法自拔了。

從這個例子，我們很容易地了解，當這位同學知道自己表現不好時，受不了內心所受的痛苦，所以就開始逃避著去看，逃避著去了解自己的所作所為，而漸漸地把整個自己包在一個很堅固的硬殼裡，唯恐當暴露自己時又受到內心之創傷，就因為她如此地害怕著面對自己，而使她一直無法從學習中得到快樂與滿足感。

那麼，我們這些已畢業而從事護理工作的護士，曾否有足夠的勇氣面對自己？Abdellah 曾做過研究，發現當護士真正看自己時，護士所得自己之影像是：護士在一天八小時的工作中，只給每一位病人十八分鐘的時間，而她卻花了絕大多數之時間於一些與病人毫無關係之護

理活動上（註三）。如此的話，我們能不能從護理工作中得到快樂與滿足？如果答案是否定的話，那麼為什麼呢？是不是我們從未想過自己的表現竟會是如此？我們到底做了什麼？我們為什麼這樣做？……或許可以說我們在工作中從來不曾面對過自己吧！試問你有沒有想過，剛剛我因拉床單時太過用力，而使病人的傷口感到很疼痛？你有沒有想過我因站得太久，有些累而對病人的問話顯得很不耐煩？你有沒有想過我的存在到底對病人的康復有什麼貢獻？這些問題是很值得想的，最初幾次當我們對自己問了這些問題後，我們對自己的失望慢慢地增大，因為，當我們把自己所做的事前前後後想過一遍後，會發現我們並沒有做的很好，甚至會懷恨自己為什麼會如此做，這個時候我們會覺得痛苦與不安的，如果我們能夠不畏懼自己內心會受到傷害，而能夠有恆地面對自己的話，我們會因為慢慢在工作中了解自己為什麼這麼做，清楚怎麼做會比較好，而漸漸地在工作中得到很大的自信心、很大的快樂與滿足感，因此，不要把自己關起來，應該讓自己廣泛地與病人的問題、病人的需要接觸，所得到的益處將會使我們受用不盡的。何樂而不為呢？

註一：Jersild, Arthur. *In Search of Self-An Exploration of the role of the school in promoting self understanding.* New York: Bureau of Publication, Teachers College, Columbia University 1952. p.8. p.114.

註二：Ibid, p.19.

註三：Abdellah, Fay. "How we look at ourselves". *Nursing Outlook 7*:273-275, May, 1959.

參考文獻

Jersild, Arthur. *When teachers face themselves*. New York: Bureau of Pulication, Teachers College, Columbia University, 1955.

McKinney, John. C., and Ingless, Thelma, "Professionalization of nurse". *Nursing Outlook*, 7:365-366. June, 1959.

Sister Madeleine Clemence, "Existentialism, A Philosophy of commitment". *American Journal of Nursing. 66*: 500-505, March, 1966.

（轉載自《護理雜誌》第十五卷第三期）

❖ 自　　序 ❖

　　護理照顧的倫理實踐，是透過身體的照顧，實踐對他人的尊重與關愛，這種實踐力的展現需要屬己的知識與倫理的知識。屬己的知識用於認識自己的專業角色，倫理的知識發生於每個互動現場的反思實踐。本書介紹護理倫理實踐的知識包括上述兩種，首先認識護理倫理學的發展，指出發展倫理實踐的方法，認識健康與疾病的文化觀；接著探究照顧關係中的互為主體性，照顧情境中的專業自我；最後分析實際照顧活動的倫理議題，包括對性加害者的照顧、產前遺傳諮詢、癌症診斷告知、不施予心肺復甦術、教學現場的互動。

　　倫理的知識可以幫助處理臨床照顧的倫理困境，但是實際照顧現場的困境時常無法完全依據倫理原則或規範加以解決，因此筆者用心注意觀察紀錄週遭所發生的一切，試著釐清照顧的現象，找出一條道路。長久以來，筆者在質性研究法的訓練之下，養成深入觀察思考護理現象的習慣，一路走來的點點滴滴化成一篇篇的論文，發表於國內各學術期刊。最近回頭看看這些著作，可以集結成冊，便於讀者閱讀；並考慮本書內容的一致性與清晰度，重新修改部分著作的內容。

　　本書共有三篇，分別是緒論、健康照顧的專業關係、倫理議題。第一篇緒論的三篇論文，包括「護理倫理的發展與

實踐」，曾發表於《哲學與文化月刊》，第三十一卷第十一期；「由護理實踐建構倫理的進路」，發表於《護理雜誌》第四十九卷第四期；「健康疾病的文化觀與現象分析」發表於《護理雜誌》第四十三卷第四期。第二篇健康照顧的專業關係選取三篇論文，分別是「從角色創造探討護理倫理實踐」原文曾發表於《哲學雜誌》第三十七期；「護病間的互為主體性」發表於《國立政治大學哲學學報》第七期；「建構照顧情境中的專業自我」《本土心理學研究》第十九期。第三篇倫理議題收錄五篇論文，「性加害者的照顧」發表於《護理雜誌》第四十八卷第二期；「產前遺傳檢測之諮詢」發表於《中華心理衛生學刊》第十八卷第一期；「癌症診斷的察識歷程」發表於《國防醫學》第九卷第三期；「不施予心肺復甦術」發表於《榮總護理雜誌》第二十三卷第一期；「生命成長之展現」發表於《護理研究》第二卷第四期。

本書的誕生，首先感謝台灣大學護理學系余玉眉教授在質性研究與護理倫理議題方面的引領與指導，成功大學護理學系趙可式教授在倫理照顧方面的鼓勵與支持，外子喻永生醫師在醫療照顧與信仰生活方面的啟發，以及一路走來許多相伴好友的共學。在出版的過程中，首先感謝心理出版社編輯群的全力支持，陽明大學護理研究所周文珊、林姿君、游雪君同學協助論文匯集與整理，以及各雜誌社慨然允許轉載。

❖ 導　　言 ❖

　　護理倫理的發展，是受到社會文化脈絡的影響，包括生命倫理、女性主義、現象學以及當代哲學思潮等。生命倫理的四原則：尊重自主（respect for autonomy）、不傷害原則（nonmaleficence）、慈悲原則（beneficence）與正義原則（justice）是醫療倫理的主要規範，但是在臨床照顧的場域，這些原則有時會互相牴觸，同時，運用原則以規範自身，是停留在一種外控的情境，也無法由內在提升與鍛鍊專業自我。實際上，臨床照顧情境，是豐富且多變的，很難形成放之四海皆準的規條。重要的是，在每一個照顧實踐中，發現、創造、培養自身與他者。

　　關心護理倫理的實踐，是希望在每個與他人互動的現場，保持一顆清明的心，清明的心照現自身與他人的處境，才能合宜地展現專業的角色與功能。護理倫理實踐中建構的知識，是在觀照自己、促進澄明，以進關懷他人。因此，護理人員可以在每個照顧活動中，不斷的透過反思實踐的歷程，提升自己。關於反思實踐的功夫於本書第二章提到投身（involving）、反身（reflecting）、對話（dialogue）的三個步驟，當我們投身於照顧情境之中，需要清楚生病的意義，因此在第三章探討健康與疾病的文化觀；當我們反身自顧時，

透過一個涵蓋著生活經驗、專業塑造、現場互動於一身的自己，創造了自身（第四章），這一個護理角色創造的歷程，是需要靠一個互動的對象得以完成，自身與他人之間是一種相涉入、相磨合、相融合的互為主體關係（第五章）；在這個互為主體的照顧關係中，有些照顧會對他人造成傷害或負擔（encumbered caring），有些照顧是一種互惠的方式下進行（connected caring），有些照顧具有深刻的反省（reflected caring）（Chiang, Lu, & Wear, 2005）；這些不同的照顧方式來自不同的專業自我，有時專業自我是在保存自身（self-preservation），有時是由自己的立場揣度病人的立場或是病人的情況喚起對自己的省察（self-mirroring），有時可以超越自身原有的立場（self-transcendence），不同專業自我的呈現是受到歷史、科技、召喚的影響（第六章），專業人員需要了解自己所存在的生活脈絡，個人成長與學習的經驗與發展，自己如何為專業知識所建構，又如何被病人的處境所喚醒。擔任照顧角色的專業人員，需要時常清楚自己與個案所處的時空定位，以免加深他人的負擔，因此，專業自我、照顧形式與反思實踐之間的關係是值得護理倫理實踐參考的素材（見圖1），護理人員可以藉著這樣一個架構，以第三者的角度觀看自己與病人間的互動，促進自我澄明。

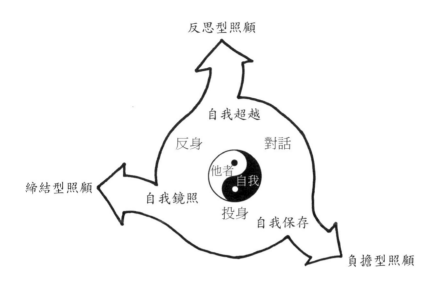

反思型照顧

自我超越

反身　　　　對話

他者　自我

締結型照顧

自我鏡照

投身　　自我保存

負擔型照顧

圖 1　倫理實踐中的自我與照顧型態

　　當醫護人員成為「尊貴生命的護衛者」，在病人的周圍創造一個心靈成長的空間，讓他身心安頓的狀態，從中得以生養孳息，逐漸恢復健康。這種促進身心安頓的倫理技術，需要由學習照顧自身開始，由自己身上認識人的困境與需求，進而鍛鍊出照顧人的方法。面對性加害者的照顧，護理人員要如何自處？面對科技快速發展，專業人員如何因應基因體醫學產生的倫理困境？當病人被診斷為癌症，或是當病人身體情況無法好轉甚至可能要考慮放棄急救，如何與病人共同面對這些不好的消息，護理人員又如何扮演「報憂者」的角色。這些角色的鍛鍊，既是專業也是屬己的生命成長，

需要在一個豐富的情境中，透過自我的觀照，使自我得以轉化。在護理倫理實踐的道路上，我們都是不斷提升自身的學習者；同時也是保持著生而不有、用心若鏡、欣賞批評的教育者。

參考文獻

Chiang, H. H., Lu, Z. Y., & Wear, S. E. (2005). To have or to be: ways of caregiving identified during recovery from the earthquake disaster in Taiwan. *Journal of Medical Ethics, 31,* 154-158.

❖ 目　　錄 ❖

第一篇　緒論

第二篇　健康照顧的專業關係

第三篇　倫理議題

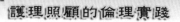

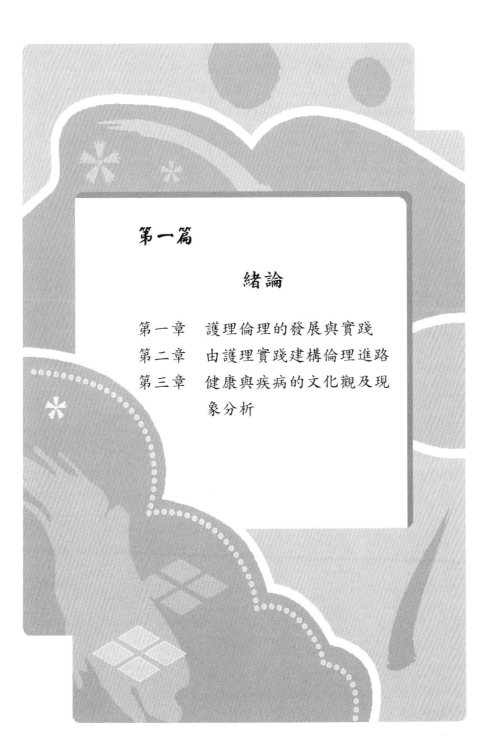

第一篇

緒論

第一章

護理倫理的發展與實踐

▶▶蔣欣欣

護理學是重視實際的應用，護理學、醫學與工程等學科一樣，研究的目的在於實踐而非止於理論的建構，是屬於實踐性的學科（discipline）（蔣欣欣，2002a；Tocantins & Embree, 2001）。護理倫理學探討護病關係中所展現的倫理道德議題，包括外在的行為規範與內在的自我期許，希望能協助護理人員成為良善負責的照顧者。面臨基因科技快速發展的年代，這種外在環境的變化必然衝擊倫理實踐的內涵，因此本文由護理倫理學的發展、倫理實踐立場加以探討，期能利於從事護理實務與護理教育者發展專業倫理態度，以利於面對充斥著風險與不確定性的時代。

一、護理倫理學的現況概述

近代護理倫理學的發展，受到歷史文化與社會脈動的影響。

(一)護理理念與規範

西方護理理念的發展，始自十九世紀中葉，當時受理想主義及基督教苦行僧主義的影響，強調拯救他人而自我犧牲；十九世紀末時受文藝復興浪漫主義的影響，講求入世，聽命於權威；進入二十世紀時，在實用主義的影響下，護理

實務進入重視工作效率的階段；及至第二次世界大戰後，具有人文色彩的存在主義成為思潮的主流，人們開始重視及思考人存在的意義與價值（余玉眉，1986）。在這些不同時代背景與思想潮流下所產生的護理理念，包括犧牲奉獻、聽命服從、講求效率以及重視人的存在價值與主觀經驗，或多或少都影響著護理倫理的發展。我國近代之護理乃自西方引入，護理倫理學的發展過程亦受到西方護理理念的影響，這個現象明顯呈現在目前教科書所引用的倫理概念與內政部公告的護理人員規範。

護理專業理念，在不同時代帶有不同的特色，產生因時制宜的專業規範或準則。而任何對於道德原則成文表達，不能不受到特定時空及文化傳統的限制（劉述先，1999）。美國護理學會在 1950 年開始訂出護士職業的規範（code for nurses），經過幾次修改，1985 年訂出十一要項，提供護理人員在執業時面臨抉擇的參考依據（American Nurses Association, 2001）。國際護士協會（International Council of Nurse, ICN）則在 1970 年初擬護理人員執業規範，而在 1989 年正式為各國代表認可公告（Fry & Johnstone, 2002）。英國護埋助產健康探訪中心協會（United Kingdom Central Council for Nursing, Midwifery and Health Visiting）參考國際護士協會的規範，訂立英國護理助產人員的專業行為規範（United Kingdom Central Council for Nursing, 2001），Pattison 針對其 1992 年更新的版本，指出此規範內容的許多問題，包括名詞使用不夠嚴謹、

價值標準模糊、缺乏有用的倫理指引、未考慮日常的道德經驗、甚至一些規範內容是不合乎倫理的（Pattison, 2001）。

我國在 1994 年由中華民國護理師護士全聯會，向內政部提出我國護理人員的規範（內政部，2003）。相關的規範與理論主要是參考國際護士學會的護理倫理規範，以及西方醫學對生命醫學倫理的觀點，這些倫理規範公布實施後至 2005 年才實施檢討修改。而我國自 1995 年開始實施全民健保，這項政策不僅改變民眾求醫行為，醫療給付方式更改變了健康服務行為與模式；加上國內基因科技的快速發展，使得檢討與發展我國護理倫理的需求更為迫切。我們必須仔細檢討一下我國護理人員的規範，是否也有名詞使用不夠嚴謹、價值標準模糊、未考慮日常的道德經驗的現象。有關目前的護理倫理規範中第 23 條，「應委婉拒絕個案或家屬的饋贈，以維護專業形象。」我們依此規範論斷護理人員的行為時，是否更該思考此「饋贈」行為的深層意義是什麼？如何對「饋贈」行為做回應，才能達到照顧的目的？若能持有這種開放性態度，才可能深化護理倫理的涵義。

(二)生命倫理的影響

當哲學家們開始討論生命倫理的議題時，早期由義務論（denotology）與效益論（utilitarian）立場出發，希望藉此發展醫學倫理的基礎。但是，這種理論太廣泛又缺乏應用價

值，無法用於臨床倫理抉擇與政策的參考，因此，原則主義
（principlism）受到重視，指出生命倫理學的四項原則：尊重
自主（respect for autonomy）、不傷害原則（nonmaleficence）、
行善原則（beneficence）與正義原則（justice）（尹裕君等
人，1995；盧美秀，1994；蕭宏恩，1999）。1980 與 1990 年
代的美國地區醫學倫理的教科書，都是選用 Beauchamp 與
Childress 合著的《醫學倫理原則》（*Principles of Medical
Ethics*）。然而，近年來原則主義的論點受到批判（蔡輔昌，
2001；Callahan, 2003），一些學者提出另一種思考臨床倫理
議題的方向，指出一種建立分析能力與個人德性的倫理思考
方向，而不是偏重倫理抉擇。分析能力中最重要的三個部分
是：合理性（rationality）、想像力（imagination）、洞悉力
（insight）。個人能力包括與道德相關的知識（其演進、理
論、爭論）、自我的知識（self knowledge），以及注意到一
項道德分析如何受到其所存在的社會文化的影響（Callahan,
2003）。思考過程中，考量的對象不僅只有自主人（auton-
omous person），還包括其他關係人（relational person）。

　　護理倫理學是屬於應用的倫理學，重點在於表述或描述
建構的知識，亦即經由對於實然護理現象（is of nursing）的
認識，進一步思考應然的護理現象（ought of nursing）。如果
缺乏對實然護理現象的認識，就建構一套應然的重視規範的
護理倫理學，這種護理倫理學可能只是一群護理學者創造的
一個「假象（as if）的護理世界」（Davis, 2001）。藉由對實

然護理現象認識的累積，較能夠形成應然的護理現象。但是，如何認識護理的實然？如果採用生命倫理發展的尊重自主、不傷害、行善以及正義原則，驗證護理現象，就落入一種規範—批判的立場，不容易對混沌的實然現象，產生深入的理解。目前護理倫理學的定義較強調探討護理專業上關乎倫理或道德價值之行為準則的學問。在這樣的定義下，倫理規範與道德原則就容易成為教學的重點。實際上，依據這些生命倫理原則或護理規範，是否就能處理臨床複雜的倫理情境是值得深思的。例如，根據尊重自主的原則，病人有被告知病情的權利，醫師有說明病情的責任。醫護人員若考量病人的心理準備度與承受力而未告知，這是否違反了尊重自主的原則？而若遵守此項原則告知病人病情，卻造成病人心理上的不能接受而崩潰形成傷害，這豈不是反倒違反不傷害原則呢？

由於國內護理倫理學的發展，無可避免的受到西方生命倫理學思潮的影響。我們需要仔細省察，此重視個人自主的生命倫理觀點，如何調整適合於我國社會文化中實際存在的人與人之間的關係。

(三)女性主義的影響

護理倫理的發展除了受到生命倫理與醫學倫理的影響外，近年來，女性主義的論點也逐漸被重視。Gilligan認為女

性道德發展不同於男性之正義取向而較注重關懷的部分（Gilligan, 1996）。相較於正義倫理中強調倫理原則的掌握，注重人際相處之關懷倫理（ethic of caring）是比較適合於護理實踐，甚至主張關懷是護理倫理抉擇中重要的依據與指引，這與醫學倫理強調道德判斷是截然不同的（Wurzbach, 1999）。然而，這種重視關懷倫理的女性倫理（feminine ethics）最近又被認為並不能解決護理倫理的實際問題，而有女性主義倫理（feminist ethics）觀點的萌生。持此觀點的人士認為關懷倫理的立場過於強調護病的人際動態關係，忽略機構或制度對護病關係的影響；認為護士在倫理抉擇時出現的無力感，是由於組織機構中結構化的社會秩序影響了女性關懷的表達；並且主張反省女性照顧的經驗，可以為複雜的護理倫理情境提供豐富的參考資料（Bowden, 2000）。情況有如，告知診斷被認為是醫師的職責，醫師決定了是否告知病情或告知內容多寡（葛魯蘋、沈建業、柯萬盛、蔣欣欣、白璐，1992）。當社會規範告知診斷不屬於護理人員的職責，當護士遭逢被病人追問診斷的情況時，就必須在此處境中「恰當」的展現照顧活動，以減少醫療團隊的困擾。也許是減少探視病人的時間與頻率，以免面對內心無法回應的掙扎；但也可能不再執著於是否告知，而是注意病人、家屬、醫師與自身之間不同的立場（蔣欣欣，1989）。此種全方位的觀看倫理困境的掌握，容易擴大照顧病人的視野與方式。

㈣現象學的影響

現象學對人存在的關注與對倫理議題的討論，近來也頗受護理倫理學者的注意，影響近期護理倫理學發展的方向。在護理學者Benner的影響之下，護理倫理學從注重性別差異而衍生出 Gilligan 關懷倫理的觀點，轉而為重視人存在立場的 Heidegger 倫理觀點（Paley, 2001）。而德國哲學家 Marx 是一位深受 Heidegger 影響的學者，他提出之現象學倫理（phenomenological ethics）的觀點（Werner, 1992），也被 Anderson 引用至護理現象（Anderson, 2000）。他主張護理倫理學的探討宜加強一些與人相處態度行為經驗的描述，這種現象學描述與詮釋倫理的方式，使得道德意識更具開放性。他並且強調要分析生活世界中倫理事件存在的現象，而非重視倫理原則或規範與權益的判定。經由對人的存在經驗與生活世界產生更多的認識，使得護理倫理在面對難以預料的環境下，有更大的發展空間。

Logstrup 是專門研究現象學與倫理學的丹麥哲學家，他認為當人們進入一個美感的空間，自然讓人們能夠進行對話與批判的反思，也因此能夠了解生命，他認為這是一種「無用之用」（the useless is the most useful）的呈現（Kirk, 2000）。

美國現象學者 Embree 指出護理學是科學化的（scientific），是一項屬於文化的學科（cultural discipline），重視文

化的差異、重視自己與他人的個別或群體如何去經驗（exper-
ience）、信念（believing）、價值（valuing）、意願（willing），
透過一種互為主體的關係發展，進而形成護理實踐中的「投
身、反身、對話」的反省態度（蔣欣欣，2002a）。綜合上
述，現象學主張認識事物本質的立場，對於護理倫理提供一
種實踐性的進路。

(五)中國哲學思想的影響

　　中國傳統儒家與道家的觀點，指出倫理實踐的真誠與智
慧。儒家強調對人己真誠的態度，由鍛練自己開始，即「正
心、誠意」，之後才能修身治國齊家。因此，基本上求品德
人格的完美。如「古之學者為己，今之學者為人」（《倫
語》〈憲問〉），其中「為己」，是重視克己復禮，而能成
就君子；若是強調「為人」，因其志在用世，容易陷於急功
近利（傅佩榮，1993）。強調修養自己之後，才可能合宜地
幫助別人。護理專業時常是以幫助他人為首要任務，儒家思
想指出助人之前修身功夫的重要性，之後才能引申「仁義」、
「忠恕」與「知命」，用於詮釋護理專業的內涵（Chao,
1995）。護病關係中，護理人員透過「仁」的實踐，表達對
病人的關懷；透過「義」的實踐作恰當的抉擇為病患謀福
利；透過「忠」於個人價值與生命信念的實踐，主動愛人與
行仁；透過「恕」則是相互行仁，即己之所欲，施之於人；

己所不欲，勿施於人。

照顧病人的過程中，護理人員必須藉由反省以澄清自己的價值觀，注意直覺主觀的感受。自我分析或自我檢視是護理人員能為病人設身處地的必要過程，清楚自己的當下感受，是幫助認識對方的工具之一。莊子指出這種人我之間的關係是「非彼無我，非我無所取。」他人的存在，成就了我的存在；同時，我的起心動念，左右自己觀看的角度。此外，也指出「至人用心若鏡」，鏡子對於外物是不抵抗、不迎合，毫不隱藏的給予反映，因此能夠承載事物而不受傷害。老子觀察天地孕育萬物存在的「生而不有，為而不恃，長而不宰。」指出大地提供自身，卻不求回報，此無條件給予關懷的立場，是促成倫理實踐的重要智慧。

唯有絕對真誠的人，誠實的面對自己，才能完全發展他們的本質。人若能完全發展本質，則容易產生智慧，激發個人本質的呈現與成長，如此才能引發處於困境的當事人，找出一條合於自身的抉擇。護理倫理實踐的過程中，重要的是自覺地求實現，不斷提升內在的自我；而不是自覺地求表現，過於求表現的態度可能導致急功近利，容易失去合於護理實踐的倫理態度。

二、護理倫理實踐

　　國際護士協會於 1973 年擬定的護理規範（Code for Nur-ses）指出護理人員的基本責任包括下列四項：促進健康、預防疾病、恢復健康以及減除痛苦（Fry, 1994）。當護理人員執行這些任務時，必須透過與個人、家庭、社區的合作關係。過程中必然面臨人際間不同的經驗立場，需要考量內在價值的抉擇。透過護理倫理學的發展，了解到僅以生命倫理四原則為倫理抉擇的考量，是有其局限性。當對人的生活世界具有更大的開放性，對生命保持一種尊重的態度，方能分析生活世界中的倫理議題，對人的存在經驗與生活世界產生更多的認識，形成開放的道德意識，發展反思實踐的功夫，而非重視倫理原則或規範與權益的判定。

　　專業照顧活動是發生在人與人之間，專業人員是很難置身事外。照顧的現場中，專業人員的我自身，是帶有許多自己過去的經驗、對自己未來的期許，以及對當下應合所展現出的「我自身」。專業自我在這複雜的互動關係中，呈現不同的面貌，或是保存自己，或是以己度人，或是由人觀己，或是超越自我的限制，而發展出自內心真誠關懷的本真照顧（蔣欣欣、陳美碧、許樹珍，2003）。這是透過自身對他人身體與生活經驗的理解，完成促進他人健康實踐的過程。此

重視人文關懷的照顧實踐情境中，自身與個案之間存在一種互為主體的關係（蔣欣欣、余玉眉，2001；蔣欣欣、張碧芬、余玉眉，2001），也是一種「你泥中有我，我泥中有你」相互依存的處境。

護理專業重視發展照顧他人的能力，但是，照顧行為有時有意或無意中會對他人造成傷害，形成負擔型的照顧；有時是一種共生的狀態，形成一種締結型照顧；有時需要超越性，是一種反思型的照顧（Chiang, Lu, & Wear, 2003）。擔任照顧角色的專業人員，需要時常清楚自己與個案所處時空的定位，以避免加深他人的負擔，即是一種反思型的照顧。這需要專業自我進入反思實踐（reflective practice）的歷程，包括投身、反身、對話三個部分（蔣欣欣，2002），是一種自身投入之後，將內在的身體感轉化為認識自己的工具，透過進入第三者的位置，觀照彼此立場之後，自身再回到互動現場進行對話。因此，照顧者藉由自己投身情境的身體經驗與情緒經驗，進而檢查這些內在經驗的不同面向，繼續透過對話尋找出路。此種身體與情緒經驗是倫理實踐的重要成分，醫學倫理學家 Zanner（1994）更直接指出感受是道德生活的指標（feelings are indices of moral life），當身體對某一情境出現某種感受，此感受提供一種反省的線索，提醒自己存在的狀態，而引發對自身情緒的觀看；透過對自身情感的觀看與探問，逐漸發現個人價值觀、信念、經驗與意願。藉此，繼續覺察自身原有的價值觀、信念、經驗及意願，與目前處境

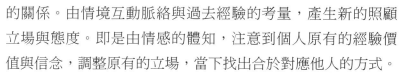

的關係。由情境互動脈絡與過去經驗的考量，產生新的照顧立場與態度。即是由情感的體知，注意到個人原有的經驗價值與信念，調整原有的立場，當下找出合於對應他人的方式。

　　調整自身，是一種邁向「內聖」的進路；合宜對應他人的態度，是一種「外王」的實踐。此內聖而外王是透過盡心、養氣、知言。盡心、養氣是護理人員由實踐中陶養自身；知言，則涉及與他人互動，協助他人。無論內聖或是助人，都需注意個體與他人所處的時空脈絡（蔣欣欣等人，2001）。在投入的行動中覺察自己的心智，注意自我是處於何種狀態之下，以及此種狀態的自我給出何種的照顧型態，以作為進行個人內在的自我指導及自我決定的參照。清明的自我能夠看到己之所欲或不欲，才容易產生合宜良善負責的照顧。過程中蘊含著不僅是利他，也是自我的轉化（蔣欣欣，2002a）。發展這種本真的照顧，儘管每個人的資質會有不同，有些人是生而知之，有些人是學而知之，有些人是困而知之。但是，當遭遇到照顧困境面臨抉擇的時候，回到自身「己所不欲，勿施於人」的思考脈絡，提供一種倫理抉擇的依據。但是，這種反省如何可能出現於人際互動之間？若是過於強調人際動態關係，容易忽略機構或制度對護病關係的影響。因此，探究護理倫理實踐時，除了注意互為主體的關係之中形成的專業自我角色型態之外，也應該繼續探究社會體制如何影響專業自我的運作。

參考文獻

中文部分

內政部（2003）。**護理倫理規範內容**。http://www.tpena.org.tw/nurse/6-3.htm。

尹裕君、林麗英、盧小玨、鄒海月、王曼溪、許鳳珠（1995）。**護理倫理學概論**。台北：華杏。

余玉眉（1986）。護理理念的演變。**護理雜誌，33**，11-14。

李瑟、黃惠玲（2001）。醫生必須是具領袖特質的人。**康健，30**，286-288。

高行健（2001）。**沒有主意**。台北：聯經。

許鳳珠（1995）。**護理倫理學概論**。台北：華杏。

傅佩榮（1993）。**儒家哲學新論**。台北：業強。

葛魯蘋、沈建業、柯萬盛、蔣欣欣、白璐（1992）。醫師對癌症病人的態度。**醫學研究，13**，31-40。

劉述先（1999）。從當代新儒家觀點看世界倫理。**哲學雜誌，13**，116-135。

蔣欣欣（1989）。癌症患者對自己診斷的察識歷程。**國防醫學，9**，318-321。

蔣欣欣（2001）。由性加害者的照顧反思護理倫理議題。**護**

理雜誌，**48**，33-36。

蔣欣欣（2002）。由護理實踐建構倫理進路。**護理雜誌，49**，20-24。

蔣欣欣、余玉眉（2001）。護病間的互為主體性。**國立政治大學哲學學報，7**，307-322。

蔣欣欣、張碧芬、余玉眉（2001）。從護理人員角色的創造探討護理倫理的實踐。**哲學雜誌，37**，88-103。

蔣欣欣、陳美碧、許樹珍（2003）。小組教學團體的對話與關懷之研究。**應用心理研究，18**，207-225。

蔡輔昌（2001）。生命倫理四原則方法。**醫學教育，4**，140-154。

盧美秀（1994）。**護理倫理學**。台北：匯華。

蕭宏恩（1999）。**護理倫理新論**。台北：五南。

西文部分

American Nurses Association (2001). *Code for nurses with interpretative statements.* Kansas city, MO: ANA.

Anderson, G. (2000). Nursing, ethic and genetics: Calling for a multiplicity of voices in our ethical discourse. *Nursing Ethics, 7*(3), 187-190.

Bowden, P. (2000). An "ethic of care" in clincal settimgs: Encompassing "feminine" and "feminist" perspectives. *Nursing Philosophy, 1,* 36-49.

Callahan, D. (2003). Principlism and communitarianism. *J. Med Ethics, 29,* 287-291.

Chao, Y. (1995). Nursing's values from a Confucian perspective. *Int. J. Nurs. Stud., 42,* 147-149.

Chiang, H. H., Lu, Z. Y., & Wear, S. E. (2003). To have or to be: Ways of caregiving discovered during recovery from the earthquake disaster in Taiwan. *Journal of Medical Ethics.*(accepted)

Davis, A. J. (2001). Labelled encounters and experiences: Ways of seeing, thinking about and responding to uniqueness. *Nursing Philosophy, 2,* 101-111.

Fry, S. T. (1994). *Ethics in nurrsing practice.* Gevena: International Council of Nurses.

Fry, S. T., & Johnstone, M. J. (2002). *Ethics in nursing practice.* Oxford: Blackwell Science Ltd.

Gilligan, C. (1996). *In a different voice.* London: Harvard.

Kirk, M. (2000). Genetics, ethics and education: Considering the issues for nurses and midwives. *Nursing Ethics, 7,* 215-226.

Paley, J. (2001). Heidegger and the ethics of care. *Nursing Philosophy, 1,* 64-75.

Pattison, S. (2001). Are nursing codes of practice ethical? *Nursing Ethics, 8,* 5-18.

Scott, P. A. (2000). Emotion, moral perception, and nursing practice. *Nursing Philosophy, 1,* 123-133.

Tocantins, F. R., & Embree, L. (2001). Phenomenology of nursing as a cultural discipline. In S. Crowell, L. Embree, & S. J. Julian (Eds.), *The Reach of Reflection: Issues for Phenomenology's Second Centry* (pp. 364-383). Florida: Center for advanced research in phenomenology.

United Kingdom Central Council for Nursing, M. A. H. V. (2001). *Code of Professional Conduct.* London: UKCC.

Werner, M. (1992). *Towards a phenomenological ethics: Echos and the life-world.* New York: State University of New York.

Wurzbach, M. E. (1999). The moral metaphors of nursing. *Journal of Advanced Nursing, 30,* 94-99.

Zaner, R. M. (1994). Phenomenology and the clinical event. In Daniel, M., & Embree L. E.(Eds.), *Phenomenology of the culture disciplines.* (pp. 39-66) Dordrecht, Boston, London: Kluwer Academic Puplishers.

第二章

由護理實踐建構倫理進路

▶▶蔣欣欣

　　如何產生合乎倫理的照顧行為，是培養護理專業態度的重要課題。護理倫理學探討護病關係中所展現的倫理道德議題，包括外在的行為規範與內在的自我期許（蔣欣欣、張碧芬、余玉眉，2001）。護理倫理學是屬於專業倫理學，關於護理倫理的探究不在於找出普遍有效的概括原理原則，或是應用一般的普遍道德原則去釐清或解決具體道德問題的企圖（朱建民，1996），而是希望能協助護理人員成為良善負責照顧的實踐者。

　　蘊含著人性關懷的實踐性是護理科學發展的依據。近年來分子生物學、基因體醫學的發展影響人對疾病的觀點，間接影響醫療的照顧方式。現今精神疾病藥物的改善，減少服藥後的身體不舒適，但是，過分重視科學技術，容易將人化約成腦內神經傳遞物質的多寡，或是化身為某個遺傳基因的變化，或是成為某種技術的試驗場，而失去對人生存在世的關注。在醫療科技蓬勃發展的時代中，專業人員在追求卓越時，更需要掌握一些空間，注意自身執行照顧活動的合宜性與精緻化。處於這個時代洪流中，反省護理科學發展觸及的專業倫理實踐是刻不容緩的議題。

一、護理實踐的科學意含

(一)護理學的科學性

　　護理學知識發展是受到時代思潮的影響（Reed, 1995），根據護理歷史的演進，我們認識到無論是受什麼主義的影響，護理知識的發展都需要立足於護理專業的實踐特質。二十世紀中期美國一些護理學者興起建構護理學知識體系的熱潮，企圖發展護理學的理論，但是，一些缺乏臨床觀察與驗證的理論，其實踐價值受到質疑，而無法受到國際間普遍的重視。

　　最近一些美國的護理學者，引用 Wilhelm Dilthey 對於自然科學與人文科學的區分，強調護理學的人文科學面向（human sciences）。他們指出過去護理學太重視客觀性，以及量化的現象，重視自然科學訴諸於經驗與發現的解釋方式。實際上，護理學是重視個別差異，以及生活經驗，應轉向於重視個人經驗自我詮釋的人文科學，採用理解與體驗的詮釋，並認識病人的生活世界（Baumann, 2002; Cody & Mitchell, 2002; Malinski, 2002）。顯示出護理學的發展方向，在試圖擺脫過於受到科技發展的控制，轉而重視人的價值與尊嚴。

　　現象學者Embree指出護理學是科學化的，是一項屬於文

化的學科，重視文化的差異，不是一種應用科學（applied science）。若在形容一項（護理）專業使用「應用科學」這名詞，似乎意指科學成立在先，實際上，護理是先於科學而存在；此外，「科學」這名詞，造成科學是唯一存在的，事實上學術是多元化的，所以護理學是科學化的而非應用科學。他同時指出「科學」這名詞止於知識的追求，顯得較狹隘，護理學更是重視實際的應用，研究的目的在於實踐而非止於理論的建構（Tocantins & Embree, 2001）。

當我們受教於西方科學方法之時，致力於探求外在原因（cause），忽略來自內在的深層直覺（deep intuition）──一種知道如何適當選擇的智慧。認識論的角度，應由控制、預測為主，走向探究意識的主體性，是觀察者與被觀察者互動間呈現的意識，一種觀察的經驗（the experience of observing）（Hartman, 1996）。此種觀察經驗，是基於「物我合一」的立場對實在物象的理解，而不是「物我對立」而出現的控制。

(二)護理倫理的實踐性

護理專業是護理人員透過自身對他人身體與生活經驗的理解，完成促進他人健康實踐的過程。護理倫理學的探討宜採用現象學描述與詮釋倫理的方式，加強一些與人相處態度行為經驗的描述，才能使道德意識更具開放性且易於深入人心（蔣欣欣等人，2001；Anderson, 2000）。護理倫理行為是

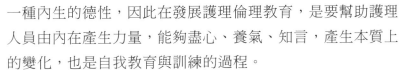

一種內生的德性,因此在發展護理倫理教育,是要幫助護理人員由內在產生力量,能夠盡心、養氣、知言,產生本質上的變化,也是自我教育與訓練的過程。

　　基於護理學重視實踐的特性,護理專業的進路是不同於其他學科,當我們想探究病人的幻聽世界,語言學者可能在研究病人如何使用連接詞,社會學者可能在分析病人個人世界與社會機制的關係,護理學者要認識病人的世界,包括他經驗到什麼,相信什麼,重視什麼,意願是什麼。過程中,必須要問自己在做什麼?要如何做?如何理解病人的世界?如何與其共處?如何幫助病人走出來,面對現實世界?因此必須看自己與他人的個別或群體如何去經驗、信念、價值、意願,進而展現出行為。醫護對情境的詮釋,這種了解不在作道德判斷,而是給予同樣的關注,如同,我們吃水果時,不論斷橘子或蘋果哪種好吃,而是在吃每種水果時都賦予相當的專注,以沉浸了解的方式(反省性的態度),去體會該種水果的味道;不是只有吃的動作(非反省性的態度)(Tocantins & Embree, 2001)。這種如同饕餮者的反省態度是基於互為主體的立場,以及對他者的敏覺與尊重。

㈢實踐取向的方法學

　　取材於實際照顧自然情境的護理研究,護理研究者進入研究對象的主觀經驗與真實世界之中,能夠對自己與個案所

處的時空定位（余玉眉、田聖芳、蔣欣欣，1991），是一種實踐取向的研究方式。此重視互動「實質」的行動探索，能夠落實於護理實踐，因此護理知識的開發，能被護理實踐者所內化（internalization）（余玉眉、蔣欣欣、陳月枝、蘇燦煮、劉玉秀，1999）。

行動探索（action inquiry）重視對行動的探索，認為知識是來自行動，且為行動而生成，重點是如何發展具有充分訊息的行動（well-informed action），產生行動科學（action science）。因此這種方法，是要在研究過程的感知與行動（perception and action）中，蒐集線上（on-line）的第一手資料，重視探究對象於實際狀況的應用，關心發展有效的行動使得組織或社區能更有效率與更公正的運作（Reason, 1994）。論文的書寫是個不斷對話與重寫的過程，包括許多內在對話（internal dialogue），如，我的讀者是誰？我最想說的是什麼？這樣敘述是否說清楚？是否有足夠的開放性容納不同的聲音？不同時空中呈現的資料，其所代表的意義是什麼？以及外在對話（external dialogue）、歷史對話（historical dialogue）（Munhall, 1994），經由這些對話與重寫的歷程中，作品得以再現。研究是在使用易懂的字眼表達事物，產生一個可近性高的理論，研究的結果只是暫時的真理，它是為了引發更多的聲音，它也是研究者對自身的挑戰，研究過程中，除去自己已有成見，在述說時讓他人有更多的思考，療癒我們彼此的關係及我們與世界的關係，探究的過程也是自

我療癒的過程，我們總是在追求一個完美（完整），在我們與自然、他人的關係中，尋找一個有意義的整體（Reason, 1996）。

二、護理實踐中反省的態度

照顧的先決條件是理解對方的處境，就是經由會談、觀察、互動的歷程中，理解其所經驗的生活世界。基於理解經驗的立場，在蒐集資料的過程中，是需要重視當事人的想法、感受。但是在一個人我共融的世界中，如何能夠不約束或限制個案的表達，如何可能理解他人，又能產生合宜的反應？如何能夠推己及人，又免去自我中心的立場、先入為主的論斷，避免扼殺病人世界的豐富性。此刻，反省性的態度（reflective attitude），亦即護士照顧過程中的自我調整是相當重要的素養（余玉眉等人，1999）。本部分依據行動探索方式，對三位護理人員的臨床經驗進行分析，找出護理實踐中反省態度的成分。

(一)反省態度的成分分析

護理實踐中反省的態度是作為理解他人或自身所必須的。反省態度經由個人的身體性或與之相關的生命經驗，對

於當下互動以及當下所涉及之過去與未來的探究，包括 *1.* 投身處境，*2.* 反觀自身，*3.* 對話。

1. 投身處境

　　醫護工作中的投身是讓自身處於遭逢他人身心受苦的情境。雖然，形體自然墜入其中，但是意識層面還是有選擇進入的自由，選擇投入的自我意識狀態。以下三個案例說明此種處境。

◈ 案例一：

　　李小姐，在腫瘤病房工作的年輕護士，每天面對病人的急救，以及生命的無法挽回，甚至發現面對與自己年紀相仿的癌症病人，竟然也無力回生。日復一日地，面對著自己的挫敗。如果有可能，她很想離開這一切。

◈ 案例二：

　　陳小姐，是位實習的護生，面對逃避談話的精神科住院個案，覺得很氣餒，也變得很少跟病人談話，甚至想要更換照顧的個案。

◈ 案例三：

　　王小姐，是照顧出現性騷擾行為個案的年輕護士，有一陣

子常做惡夢，惡夢內容多與此病人有關，才驚覺自己受傷；本想找人談，卻怎樣也說不出口，然而她仍然繼續照顧的工作。

上述案例都遭逢不愉快的情境，想要避開卻無法逃脫。這些面對困境經驗的投身，是孕育反省材料的基本條件。

2.反觀自身

反觀自身是對身處的狀態進行自我提問，包括自己的經驗、信念、價值、意願。對自己提問，就是試圖清楚自身的處境。這種提問，有時可以觀看個人自身的處境，有時注意到專業情境中的自身。

◆ 案例一：

李小姐，在工作上每天面對病人的死亡，問自己，「為什麼我這麼年輕就要面對這一切？」職場上的經驗衝擊著她個人的生活，也想到自己的死亡，「如果我要死了，我現在要做什麼？」引發她觀看個人的經驗、價值、信念、意願。

◆ 案例二：

陳小姐與同學、老師分享自己的處境，之後，問自己「如果

實習照顧病人，只是為了作業……那有什麼意義？病人真的能感受到我的關心嗎？想想能為自己學些什麼吧！」於是嘗試不同的方式靠近病人，結果發現病人也在觀察自己！

經由反觀自身的內在對話，對個人自身與專業角色，容易產生較清明的理解。但是，照顧的困境，有時不是反觀自身可以化解的。

3.對話

對話出現於與病人互動的時空，一種真摯的對話，清除自身的負擔，開展超越自身的態度。

✦ 案例一：

病人感受到護士對他的牽掛，有一天，李小姐去看病人時，他放下手邊的聖經，對護士說，「死是必經的過程，我並不害怕，妳也不必難過。死亡其實是生命的開始。」病人這一段話，讓護士不再壓抑自己的情緒，也對死亡產生新的體驗，進而學會照顧其他癌症末期病人。同時，也會把自己走過來的經驗與同事分享，幫助他們面對病人的死亡。

案例二：

　　陳小姐轉變對病人的態度後，病人願意接納她，她也發現病人世界的豐富性。在一次角色互換的遊戲中，病人扮演護士，自己扮演病人，說到：「醫生說我是精神病，你知道我生的是什麼病嗎？」病人回答說：「精神病就是妳的腦袋出問題了，會胡思亂想，有電波干擾，為妳好才要妳來住院。」

案例三：

　　被騷擾的王小姐，後來因為這位騷擾者的一段話，對專業的角色產生新的體悟。個案對她說，「小姐，不知那天我對妳說那些，妳會不會介意，真不好意思。」護士因此反省到「若過程中，我沒有卸去自己的防備，一昧認為個案是惡意性騷擾，而拒絕與他深入溝通，我就不會有機會真正發現個案的問題、發現自己的想法」。

　　投身、反身後，經由對話可以開展自身，但是此人性的開悟，是源自護士真誠的投入與關注。

㈡反思實踐的倫理進路

　　反省的態度落實於護理實務中，就是反思實踐的歷程。

投身、反身、對話三者，是一種持續參與、反思與探詢的過程。護理人員投身於工作，容易掉入自己的陷阱，一種習慣性的防衛（defensive routine），使我們無法審視自我的心智模式，因而養成「熟練的無能」（skilled incompetence），反思與對話引導我們在投入的行動中覺察自己的心智，進行個人內在的自我指導及自我決定。上述對話的案例中，可以發現護士透過與他人的真正交流，獲得對自己的理解；愈是能了解自己的人，就愈是可以理解他人。過程中蘊含著不僅是利他，也是自我的轉化，是「學做更本真和更完全的人」（杜維明，1997），這正是培養德性產生合乎倫理行為的歷程。蔣欣欣、張碧芬、余玉眉（2001）引用儒家「為己之學」的觀點說明護理人員道德實踐的過程，本文之投身、反身、對話分別將盡心、養氣、知言之內涵落實於護理實踐。

　　反思實踐可以發生在行動當下，稱為「行動中反省」（reflection-in-action）；或是發生於事件之後，稱為「行動後的反省」（reflection-on-action）（Schon, 1983）。這兩者都含有投身、反身與對話的歷程。投身、反身、對話的實踐歷程，其中存在循環的關係（見圖2-1）。若不投身於情境之中，與個人體驗保持距離，就失去困惑的機會，沒有困惑就不會有反身的思慮，更不會尋求他人的觀點，自然不可能改進照顧方式。

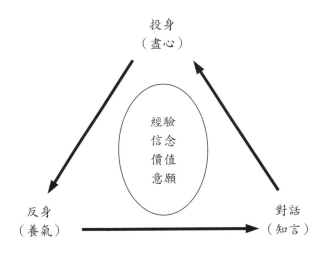

投身
（盡心）

經驗
信念
價值
意願

反身　　　　　　　　　　　　　　　　對話
（養氣）　　　　　　　　　　　　　　（知言）

圖 2-1　反思實踐歷程的概念架構圖

　　護理人員進行照顧的活動中，如何可能做到反思實踐？雖然投身後的困頓是過渡於超越自身所必須，如同孟子所言：「人恆過，然後能改；困於心，衡於慮，而後作；徵於色，發於聲，而後喻。」但是過程中，除了個人的學養與修為，可能還需要環境的資源。如同上述陳小姐在投身實習的學習環境對話中，引發個人反觀自身，主動變化自身。但是王小姐與李小姐的處境是在過程中缺乏外在對話，是經過許多內在情緒經驗的煎熬，雖然這種煎熬由病人的反應中得到化解與超越，但這種煎熬過程是難以承受的。因此，在護理實務的場域中，如何營造一個培養良善負責護士的環境與條件，是專業倫理發展需要關心的議題。道德教育像園丁培育

花草，園丁的任務不在製造花，而在提供種子生長開花的條件（朱建民，1996）。

　　面對多元化的社會，照顧活動的現場充滿著變異性，很難以事前既定的模式加以套用。一般談論醫療照顧倫理最常涉及西方的生命倫理四原則——尊重自主、不傷害、行善、正義，使用於我國的社會時，需要更多方面的考量（蔡輔昌，2001）。談論護理倫理議題，不宜只偏重道德判斷力的增進，而忽略實踐習慣的培養。反思實踐是由做中學，即是工作中透過自動自發、自我批判，形成一種體知（personal knowledge）。也是透過對經驗流（stream of experience）的掌握與分析，直接面對人（face the people），同時是讓自己成為有用的人（to be of use）（Reason, 1996），不僅促進專業自我的轉化，也深化護理實踐的涵義。

參考文獻

中文部分

朱建民（1996）。專業倫理教育的理論與實踐。**通識教育季刊，3**，33-56。

余玉眉、田聖芳、蔣欣欣（1991）。**質性研究──田野研究法於護理學之應用**。台北：巨流。

余玉眉、蔣欣欣、陳月枝、蘇燦煮、劉玉秀（1999）。質性研究資料的量化及詮釋──研究例證探討臨床護理研究方法與認識學。第二部分：研究例證之分析與詮釋。**護理研究，7**，376-392。

杜維明（1997）。**儒家思想──以創造轉化為自我認同**。台北：東大。

蔣欣欣、張碧芬、余玉眉（2001）。從護理人員角色的創造探討護理倫理的實踐。**哲學雜誌，37**，88-103。

蔡輔昌（2001）。生命倫理四原則方法。**醫學教育，4**，140-154。

西文部分

Anderson, G. (2000). Nursing, ethic and genetics: Calling for a multiplicity of voices in our ethical discourse. *Nursing Ethics ,7*(3), 187-190.

Baumann, S. L. (2002). Toward a global perspective of the human science. *Nursing Science Quarterly, 15,* 81-84.

Cody, W. K., & Mitchell G. J. (2002). Nursing knowledge and human science revisited: Practical and political considerations. *Nursing Science Quarterly, 15,* 4-13.

Hartman, W. W. (1996). The shortcoming of western science. *Qualitative Inquiry, 2,* 30-38.

Malinski, V. M. (2002). Nursing research and human science. *Nursing Science Quarterly, 15,* 14-20.

Munhall, P. L. (1994). *Revisioning phenomenology.* New York: National League for Nursing Press.

Reason, P. (1994). Three approaches to participative inquiry. In N. K. Denzin & Y. S. Lincoln (Eds.), *Handbook of qualitative research* (pp. 324-339). London: Sage.

Reason, P. (1996). Reflections on the purpose of human inquiry. *Qualitative Inquiry, 2,* 15-28.

Reed, P. G. (1995). A treatise on nursing knowledge development for the 21st century: Beyond postmodernism. *Advances in Nursing Science, 17,* 70-84.

Schon, D. A. (1983). *The reflective practitioner: How professionals think in action.* U.S.A.: Basic Books.

Tocantins, F. R., & Embree, L. (2001). Phenomenology of nursing as a cultural discipline. In S. Crowell, L. Embree & S. J. Julian (Eds.), *The reach of reflection: Issues for phenomenology's second centry* (pp. 364-383). Florida: Center for advanced research in phenomenology.

第三章

健康與疾病的文化觀
及現象分析

▶▶蔣欣欣、盧孳艷

　　世界衛生組織於西元 1978 年 Alma Ata 之國際會議提出強化基層保健服務（primary health care）（WHO, 1978a），以達到在公元 2000 年全民健康（health for all by the year 2000）的目標（WHO, 1978b），為了達成這個目標，使醫療花費與資源均衡分配，民眾很方便的得到其所需的適當照顧，其中重要的是，採用民眾接受的照顧方式，因此世界衛生組織也指出需要促進傳統醫學部分的發展（WHO, 1978c）。世界各地都有一些對應的措施，我國在西元 1986 年完成醫療網計畫，並於西元 1995 年 4 月開始正式實施全民保健，亦是基於促進全民健康的宗旨；在強化基層保健服務的立場中，基層的護理人員角色日益重要，需要強化獨立作業的能力，基層保健服務以社區為主的照顧型態取代以醫院為主的醫療生態環境，在從事基層保健服務與民眾相處時必須了解其語言、生活習慣、價值觀等（即文化體系）。護理人員要能成功地發展基層保健服務的功能，必須清楚當地民眾對健康與疾病的觀念及生活經驗，為了認識台灣地區民眾受文化影響產生的健康與疾病行為，本文依據相關研究及實際案例分析，將分成三個部分來介紹，包括：中國文化中的求醫行為、生病經驗的文化意義以及護理實務之分析與應用。

一、中國文化中的求醫行為

目前台灣地區的醫學教育與服務，是以西方醫學為主流，只有少數醫院兼容中西醫的治療方式，但民眾尋求治療時，卻常自行採用多種方式；產生這種多向度求醫行為的一個重要影響因素是健康與疾病定義之多元化。

(一)健康

中國文化對健康的觀點，以陰陽（冷熱）的觀念為基礎，陰代表昏暗、濕冷、空虛，甚或成為負向力量、女性象徵；陽則代表光明、熱量、圓滿，甚或成為正向力量、男性象徵，根據中醫理論，每個人體內皆有此二種因素，而健康之定義強調和諧（harmony）、平衡（balance）。這種調和的狀態包括三種情形：身體內在的和諧、身體與環境（時節）的和諧以及陰陽世間的和諧（Ahern, 1975），例如食補是促進身體內在和諧的方法，冬令進補是考慮身體與環境（時節）的和諧，看風水、算命是在維持陰陽世間的和諧；中國人一般認為疾病是不調和造成的，如口角破或長針眼認為是「火氣大」，自己就做一些調理，施行日常生活的自我照顧，與西方醫學中強調疾病之病因是外來的，例如細菌，是截然

不同。

中國人健康之定義亦包括人與宇宙合而為一之層面，認為人是宇宙的一部分，兩者關係互相影響密不可分，因而衍生食補之觀念，強調自然萬物可以滋補體內陰陽冷熱之缺乏。

中國人認為，中醫的觀點著重治療病因（治本）。而西方生物醫學主張生病是因病菌產生徵象或症狀，因此主要在治療症狀（治標）。當疾病發生時，中西醫療同時使用，是普遍常見之現象。

(二)複式求醫行為

醫療體系是一種文化體系，因為在特定的一個社會中，人們對於健康、疾病與對其因應方式、病人與照顧者的關係、角色、行為與保健活動，形成醫療體系，而且有文化特色克雷曼等人（Kleinman et al., 1978）；例如，在中國文化裡講求陰陽調和，在中醫的照顧系統應用陰陽冷熱的觀念，此觀念普遍影響日常生活的自我健康照顧，如「產後不能吹風」、「經期不能吃冰」或是冬令進補；然而，在西方醫學體系中，不一定接受此說法。因此，在我國民眾接受的醫療行為是兼容不同的觀念，不同的照顧方式可以並存，在我國民眾的醫療體系之中，這種情形被稱為是「複式求醫行為」，也就是當民眾生病時，採取西醫、中醫與民俗醫混合式的治療措施（吳就君，1980；張珣，1983；林憲、吳英璋，1988；

楊文山，1992；Lu, 1990），醫療人類學家Kleinman認為醫療體系可包括三部分：專業的方式（professional sector）、民俗的方式（folk sector）以及常人的方式（popular sector）；常人的方式是醫療系統中最普遍為民眾採行的，包括個人、家庭、社會網絡、群體的信念與活動，當人們經驗到症狀時，通常先評定此症狀是否為疾病，以保護措施承受病人角色，採取行動開始求醫，接受治療，評量自我照顧與專業治療的效果，自我照顧時自己買藥草、補品，或以冷熱的觀念調整飲食；專業的部分包括中、西醫師及護理人員與藥師等，民俗的部分包括俗世與神聖兩種，前者指草藥師等，後者指乩童或道士等。

我國民眾患急性病時，仍以西醫為主要的求醫選擇（林憲、吳英璋，1988；楊文山，1992；Martin, 1975）；慢性病的求醫選擇與急性病有差異，前者尤需考量其文化社會背景因素。張珣對台灣北部地區某鄉鎮的研究（1983）指出該地區醫療組織有三類：西方的（西方自然病因論）、世俗的（陰陽五行平衡論）、神聖的（超自然病因論）；余玉眉（1984）曾研究住院婦產科癌症病人的求醫行為，發現其研究的二十位個案裡有十一位在接受西醫治療前或同時曾採行各種民俗醫療的方法，同時指出其使用的民俗療法有四種，包括飲食及食物、宗教及儀式、中藥與草藥、運動與調息，其中飲食及食物、宗教及儀式兩者是80%的病人使用的方式；此外，60%的病人除了接受西醫治療外，都採用兩種民俗療法；盧

孽艷對三十位女性癌症住院病人的研究也發現有 60～70% 看中醫或使用中藥、草藥、針灸，並觀察到 50～70% 的病人進行宗教活動（Lu, 1990）。

二、生病經驗的文化意義

(一)疾病與生病

個人自覺生病，是一種主觀的認定；有些人雖然突發心肌梗塞，被要求絕對臥床休息，但他（她）自己不一定接受此種自我狀態，依然要求回去上班，因此身體的病不只有身體結構功能改變，還有深層的涵義。生病的經驗是相當個人化的，卻也深受所處社會文化的影響。為了深入了解生病的意義，特別區分疾病（disease）與生病（illness）的定義，疾病的「病」是指科學名詞上的病，為觀察者客觀立場的用語（etic），是生理、病理方面的變化，是依據現實與他（她）人溝通使用，例如「你這是心臟病或高血壓」；而生病的「病」是指個人主觀知覺認定（emic），人是怎麼看待自己生病的身體，也與所處的社會文化脈絡有關（Eisenberg, 1977; Kleinman, Eisenberg, & Good, 1978），我國社會由整體和諧的角度看待健康，生病是人失去平衡的狀態，因此，有人認為

部分身體的疾病，就是整個身體，甚至是整個人的生病，某些人手術之後，醫護人員認為他（她）可以下床，但是病人不肯輕易移動身體，因為要用整個身體保護自己的傷口；另外，生產後坐月子的習俗是自己身體內在失去原有的和諧，必須重新調理（補），甚至考慮個體與環境的關係（不出門吹風），身體與社會角色有密切關係，如坐月子就讓父母親在充足的資源中學習自己的角色，建立良好親子（家庭）關係（Lu, 1984）。

(二)生病經驗的差異

相同疾病對不同的人具有不一樣的意義，生病經驗受到個人的自我感、其所處文化脈絡中的信念、價值、期望行為以及其與周圍人物的關係等因素的影響。實際觀察已接受子宮切除病人的反應，有的婦女在手術後慶幸自己不必再被月經困擾；有的婦女認為自己不再是個女人，不再有吸引力，非常憂鬱，譬如：一對來自台灣南部地區在北部紡織廠工作的年輕夫妻，其成長經驗的文化脈絡中的信念是長子必須傳宗接代，女人必須生小孩，當新婚不久，發現懷孕是葡萄胎，妻子在切除子宮後，因為先生的鼓勵而願意接受一個月的化學治療（先生是這位女性生活中重要的人物），由於自己身體的虛弱、不能生育，及在化學治療期間先生有了外遇，她對自己的評價很低（個人的自我感），在她一年半後

切除卵巢瘤的住院經驗中，表現出對自己的身體特別保護，手術後沒有喝過熱湯之前不肯吃藥，甚至將先生曾有的外遇與疏離的態度，歸咎於自己不能生育，同時不時的詢問是否有「人工子宮」的發明（蔣欣欣、余玉眉，1982）。子宮在西醫可能只是身體的器官，在中國文化傳承裡子宮是傳宗接代的重要工具。這個案例可以看出生病的經驗是相當個人化的，與個人的自我感、文化脈絡中的信念、價值、期望行為，以及周圍人物的關係有相關性。

(三)疾病之時代意義

疾病的意義深受時代背景的影響（Sontag, 1977），如在二十世紀初期肺結核尚未有適當的治療，得該病的人只能憂鬱孤獨的面對身體功能與結構的惡化與死亡，因此當時結核病之時代意義是羞恥、抑鬱，由於我們對結核病之了解，這些特殊的意義已不再存在；癌症在現今的治療雖發展的較快，但由於病因難確定的情況下，有時，被歸為陰陽世間和諧的報應問題；目前社會裡的愛滋病也是面臨同樣的狀況，甚至被賦予不道德的性行為、同性戀等錯誤的標籤。護理人員不僅需要了解病人或家人自身對疾病的看法，同時要了解所處社會文化對生病的觀點，才能真正認識病人的需要，提供適切的照顧。

㈣生病的苦與得

　　某些疾病在其所存在的文化信念或人際關係中，不僅是種失落，同時，帶來羞恥或罪惡感；但是在生病的過程中，也可以對自己人生觀或生活方式有新的想法。

　　我們過去的社會中認為精神病患無法適當控制自己行為是羞恥的、不道德的，是見不得人的，必須被關在家裡，或是送到沒人知道的機構，以免影響家庭聲譽或安寧；儘管近幾年來一些精神疾病的腦組織或基因的變化已逐步被研究證實，但是根植民心的疾病是陰陽世間失去和諧所致的觀念依然存在，會認為自家一定做錯事，才得此「報應」，未能將精神疾病視為有病理變化的疾病，將疾病視為瑕疵（stigma）的觀念，也影響接受治療與康復的過程。另外，得知罹患癌症，被視為如同宣告死亡一般，許多家庭為了免於彼此受到「噩耗」的傷害，而相互隱瞞真實病情（蔣欣欣，1989），此時提供服務的醫護人員，需要敏銳地覺察到病人及家屬的處境，這是在居家照顧服務時，特別要注意的。

　　人們對於生病的苦，有個人化解的方法，其中「命」的觀念常被使用，可以幫助病人或家屬接受生病的處境（蔣欣欣、喻永生，1991；Lu，1990）。認命的想法看似消極，但在與唐氏症患童父母相處的經驗發現，認命可以克服本身的罪惡感，將責任歸於天，自己不再悔恨追究，而能生活於當

下，在實際生活中努力照顧孩子，進而人生觀也發生改變，一位母親提到「過去我是個完美主義者，自從有這個孩子，讓我想到，求完美又怎樣？不如求完成，現在我盡力完成所要做的事，這樣生活也好過多了。」

生病的經驗，有助於引發個人重新思考生活的方向與生命的價值。一位年輕腦瘤男性談到「生病使我不再忙碌，有時間沉靜下來想想自己要過什麼樣的生活。」一位失去子宮的年輕女性，經歷與護士的互動後說：「護士小姐都沒有看不起我，對我這麼好，我以後也要對自己好一點。」另有次在癌症病人的團體治療結束前，一位中年膀胱患者提到，「在這個團體中，我體會到現在社會對人的尊重，而且每個人不因身分地位會有不同的待遇，每個人都是平等的。」

■ 三、護理實務之分析與應用

㈠文化相對論的臨床應用──彼此尊重相互學習

文化相對論是出自於人類學家對文化的研究時產生的，文化相對論（cultural relativism）的原型在二十世紀初由人類學家 Ruth Benedict 提出，主張文化因地而異，反對十九世紀的論點：「某種族的智慧道德必高於另一種族」；因為我們

通常在不了解他人的立場下，用自己文化背景的標準去評定其他文化行為或事物（Benedict, 1934）。Melville Herskovits 強調全世界眾民族有極為紛歧的價值體系，沒有絕對標準或固定價值觀（于嘉雲譯，Hatch 原著，1994），需要彼此尊重、相互學習。

當病人不接受醫護人員認為最好的治療，Hatch 常被視為非常不可理喻，將其行為定義為不順從（noncompliance）或是知識不足（knowledge deficit），雖然這樣的定義有利於工作人員間的溝通，但無形中將病人標籤化，忽略了病人「不遵從」治療或不服西藥的文化因素，失去了解對方立場的心情，就很難真正的對症下藥協助病人復原。

臨床上，一位再度住院的年輕女性躁鬱症患者，因服用鋰鹽藥物治療後的副作用，造成滿臉青春痘及其他不適而自行停藥，對於這樣的病人，我們需要尊重年輕女性對容貌的在意，由病人經驗中學到抗精神病的藥物需要繼續研究，關於青春痘的治療，除西醫外，可以探究中醫草藥的方式與效果，這些學習可能更優於稱呼她不順從或是知識不足。

目前我國醫療體系以西方醫院為主要提供服務者，但西醫對病情的解釋不及中醫的用語為民眾接受，隨著全民健保的施行，基層保健服務將日漸重要，醫療服務的可用性、可近性、公平性及全民參與是必然的趨勢，因此醫護專業人員更要主動了解民眾需求，改善「溝而不通」的醫病關係（張苙雲，1981），使用服務對象了解的語言是我們努力的方向，

語言的了解不僅是說病人聽懂的話，更要聽懂病人的話，此外，「懂」不止於字面意義的了解，還須深入明白當時情境中服務對象說話或聽的背景（過去、現在生病與生活經驗），唯有如此，專業人員才易「說出」讓其接受的不同觀點。

　　以下案例說明護士試著聽懂病人與其母親的立場，才能說出其能接受的話語，在彼此尊重的情境中，雙方面都可以有些學習與體悟。

　　一位強迫症的青年篤信民間信仰，住院期間遇到同病室的病友自殺成功，他開始格外注意生死的問題，當護士能與其談他的信仰，他表示想探究死亡，護士提到有本《西藏度亡經》似在探討此問題，病人立即由床邊的書包中拿出該書，還告訴護士此書的精華部分（學習）；後來母親來訪，當病人的母親到護理站準備替病人辦出院，母親提到自己帶孩子進入信仰，只是孩子太投入了（先前他提到出院後要用至少兩個月的時間唸佛抄經文），應該要神也要人，出院後該學一技之長（護士用心聽病人與母親的處境），可是他都聽別人的，每次都沒學成，護士點頭，「只要『發願』，就能學好。」原來在一旁低頭的兒子即抬起頭（聽入）參與談話，護士的語言是病人熟知的，他才能聽入（開始學習）。

　　上例中，護士需要了解照顧對象之信仰體系及其使用的語言（如：發願），才容易切入其生活世界中，產生互動的學習。

(二)泛文化護理之應用

　　泛文化護理（cross-cultural mursing）之概念早在 1970 年代由 Leininger 及其他護理學者提倡，希望由增加護理人員對其他文化之敏感度與了解，以及對自己文化之省思，在照顧來自不同文化之患者時，減少因為不同文化背景的猜忌而產生之醫療糾紛，及病人之「不合作」；藉著了解健康與疾病之文化意義，提供適合病患文化意義之護理措施，提高護理品質。

　　在臨床照顧上，護理人員需要了解自己及不同信仰、族群、地區人們的健康照顧觀念。現以護士將自己信仰置於實際照顧情境的例子來說明。

　　在某兒科病房，一位母親因孩子的病重而難過地大聲哭泣，此時一位忙碌的護士經過，試圖制止哭聲，說到「妳兒子生這個病已經是有很重的業（障），生病是他應得的，妳再哭這麼大聲，會讓孩子業（障）更重，病就難好。」話才說完，這母親哭得更大聲且罵該護士沒道德，此時更驚動其他床的母親與患孩，後來護理長將母親請到辦公室，再與護士及母親談話，才平息一場風波，母親平靜的回到病房，告訴其他母親「沒事啦！」

　　起初護士考慮環境的安靜卻未了解患母的立場，以自己的信念直述於患母，引起其悲傷外的憤怒，但在第三者（護

理長）對兩者立場的敏感與了解，化解不同背景的誤會，使患母得到平靜，護士學習先了解服務對象的立場，三人之間可以有更多的學習。

泛文化的護理中很重要的部分是關懷，人若沒有關懷，則無異於其他動物或機器，同時沒有關懷的照顧是很難治癒一個人（no curing without caring）（Leininger, 1988）。關懷可以促進對其他文化之敏感度與了解，以及對自己文化之省思。

四、結論

身處複雜的醫療系統中，醫護人員有幸地可以接觸到不同的照顧觀點，可以學習被照顧者的信念，包括傳統醫學與民俗醫療等，我們需要主動關心影響民眾健康生活的個人與環境因素。

傳統醫學、民俗療法、個人生病經驗與現代醫療照顧的交集是我們需要繼續思考研究的部分。護理專業中擁有的社會角色與文化特性，使護理人員容易接近病人，但是了解病人卻不容易，我們需要對民眾接受照顧或主動自我照顧的經驗繼續研究，進一步明白社會中醫療文化體系，才易整合民間擁有與專業提供的部分，不僅因病適所（醫院），更要因（病）情施療，護理學是屬於人性化的科學（human science），注重整體性的對生命關懷，護理人員基於尊重病人、

相互學習的立場，更可以協助個案整理生病的經驗達到身心更好的整合，同時使得自己對生命有更深刻的體認，形成較圓融的人生。

參 考 文 獻

中文部分

于嘉雲譯，Hatch, E. 原著（1994）。文化與道德——人類學中價值觀的相對性。台北：時報。

余玉眉（1984）。接受放射線治療婦科病人所採用的民俗療法。護理雜誌，**32**（4），15-23。

吳就君（1980）。台灣地區居民社會醫療行為研究。公共衛生，**8**，25-49。

林憲、吳英璋（1988）。台灣地區民眾醫療態度與行為分析，於楊國樞、瞿海源編著，變遷中的台灣社會（pp. 553-594）。中央研究院民族研究所，專刊乙種第二十號。

張珣（1983）。台灣漢人的醫療體系與醫療行為。中央研究院民族研究集刊，**56**（3），29-58。

張苙雲（1981）。醫療過程的儀式化行為。護理雜誌，**38**（4），23-28。

楊文山（1992）。台灣地區民眾求醫行為之分析。榮總護理，**9**（2），121-125。

蔣欣欣、余玉眉（1982）。自我不滿意識行為——一位婦科病人的個案研究。護理雜誌，**29**（3），19-29。

蔣欣欣（1989）。癌症患者對自己診斷的察識歷程。**國防醫學，9**（3），318-321。

蔣欣欣、喻永生（1991）。**唐氏症嬰幼兒家庭初知真相後之調適歷程**。行政院衛生署八十一年保健工作研究計畫報告。7月，台北，國防醫學院。

西文部分

Ahern, E. M. (1975). Sacred and secular medicine in a Taiwan village: A study of cosmological disorders. In A. Kleinman, P. Kunstadter, E. R. Alexander & J. L. Gale (Eds.), *Medicine in Chinese cultures: Comparative studies of health care in Chinese and other societies* (pp. 91-113). Washington, DC: U. S. Department of Health, Education, and Welfare.

Benedict, R. (1934). *Patterns of culture.* Boston: Hughton Mifflin.

Eisenberg, L. (1977). Disease and illness: Distinctions between professional and popular ideas of sickness. *Culture, Medicine and Psychiatry. 1*(1), 9-23.

Kleinman, A., Eisenberg, L., & Good, B. (1978). Culture, illness and care: Clinical lessons from anthropological and cross-cultural research. *Annals of Internal Medicine, 88,* 251-258.

Leininger, M. (1970). *Nursing and anthropology: Two worlds of blend.* NewYork: John Wiley & Sons.

Leininger, M. (1988). Cross-cultural hypothetical functions of caring and nursing care. In M. Leininger (Ed.), *Caring: An essential human need* (pp. 95-102). Detroit: Wayne State University Press.

Lu, Z. Y. (1984). *Self-care activities of Chinese puerperal women.* The University of Arizona, Unpublished master's thesis.

Lu, Z. Y. (1990). *Ill fate: Women's illness experiences in the pluralistic health care system of Taiwan.* The University of Michigan, Unpublished doctoral disseration.

Martin, K. G. (1975). Medical systems in a Taiwan village: Ong-Ia-Kong, the plague god as modern physician. In A. Kleinman, P. Kunstadter, E. R. Alexander & J. L. Gale (Eds.), *Medicine in Chinese cultures: Comparative studies of health care in Chinese and other societies* (pp. 115-141). Washington, DC: U. S. Department of Health, Education, and Welfare.

Sontag, S. (1977). *Illness as metaphor.* New York: Russell Sage.

World Health Organization. (1978a). *Primary health care: Alma-Ata Conference.* Geneva: The Organization.

World Health Organization. (1978b). *Health for all*, Series # 1. Geneva: The Organization.

World Health Organization. (1978c). *The promotion and development of traditional medicine.* Technical Report Series # 622. Geneva: The Organization.

第二篇

健康照顧的專業關係

第四章

從角色創造探討護理倫理的實踐

▶▶蔣欣欣、張碧芬、余玉眉

　　護理人員所面對的病人，沒有一位是相同的，即使疾病診斷相同，每個病人的成長與生活經驗也有所不同。每位獨立存在著的病人，在身體的照顧上，也許可以有一套標準技術，但在人存在層面的照顧，就複雜許多。由於人存在的經驗與生活世界往往因時空的轉換而變化多端，人們難以用一些規範或法條作為行為的指引。因此，Anderson 認為護理倫理學的探討宜採用現象學描述與詮釋倫理的方式，加強一些與人相處態度行為經驗的描述，才能使道德意識更具開放性且易於深入人心。

　　身為一個準備提供照顧的護理人員在面對病人時，了解自己是如何看待生命的存在是相當重要的課題。生命的重要性是時間的延續或生存意義的掌握？疾病總是為個人及家庭帶來身心的痛苦與衝擊，護理人員要如何對應這些存在的生命？如何練就一身好功夫對應種種人的苦痛。執行照顧的護理人員，是否能讓病人減輕痛苦？是否能協助病人與其家庭渡過一段辛苦的日子？護理人員在照顧的舞台上，如何恰當展現自己與他人存在的關係，而表現於照顧病人的護理活動？這涉及護理人員的專業價值觀，護理倫理的判準，更重要的是其對人性的開悟與人格養成。在人性的開悟與人格養成的過程，重要的是要能定位人存在的時空，明白照顧關係中之互為主體性，並且要有能力實踐良善負責的照顧。因此，本文將由護理倫理與時空定位、照顧關係的互為主體性與護理人員的倫理實踐三方面加以論述，探討臨床護理倫理

情境中護理人員對人存在意識的體會。

一、護理倫理與時空定位

　　護理倫理學探討護病關係中所展現的倫理道德議題，包括外在的行為規範與內在的自我期許，希望能協助護理人員成為良善負責的照顧者。照顧行為必然涉及對存在者在場當下的關注，重視當事人的經驗與感受，理解其所處的時空，根據所在的時空，採取適當的互動方式。護理倫理關係中的對象包括護理人員與病人、病人家屬、醫護同仁以及整個社會，而護理的職責不僅只是促進健康、預防疾病、恢復健康和減輕痛苦，甚至要幫助人在困境中真誠面對自己、活出自己、自在的做決定。護理人員在這些關係中，該如何適當展現自身與成就他人，是護理倫理需要探討的議題。以下將由時空定位與照顧的關係、護理倫理實踐之時空與定位來描述護理倫理與人存在性之定位。

㈠時空定位與照顧的關係

　　照顧是有對象性，知道對方有所需而提供協助。照顧的適切性是倫理的議題。儘管學者們對Heidegger的著作中所提及之「倫理」是否論及倫理的議題有不同的論定。然而，其

著作中「倫理」之原始涵義是「居留」、「住所」，即指人居住於其中的敞開場所，這個場所讓人成為他或她之所「是」，也同時是「在場當下的」（意即在那個場所、那個時間所存在的那個人）。倫理的本質是人如何與存在者相處、保持、留住存在者，並表現出使之存在的行為與態度。照顧者如何「在場當下的」對被照顧者執行照顧的服務或人之間如何相處，均涉及時空的因素。護理人員投身於照顧情境中，確實經常面臨人們對生存事實或情況的不安，需要理解照顧對象所處的時空。這不僅是一種物理時空的確認，還包括心理、社會時空的了解。有關心理、社會時空的意義將以下面兩個例子加以說明。

例一、經產婦在產後初期由於家庭結構邅變，成員增加，角色執行需要調整，可利用的時間受到壓縮，常會覺得時間不夠用，時間過得太快，時間的利用無法掌控及難以調整，以致生活陷於混亂。對經產婦而言，時間是生活中重要的資源，也是生活事件的標誌，意謂生活型態與生活品質的調整與過渡。護理人員唯有了解時間對經產婦產後初期生活的意義，才能在有限的時間內提供切合個案需要的協助與照顧。

例二、非時的死亡（untiming death），社會上一般的人們總認為人老才會死，從不預期或不認為死亡會發生在年輕的生命；因此，當死亡或死亡的威脅發生在兒童青壯年時，不論是病人、家屬或護理人員都會特別難受，影響所及護理

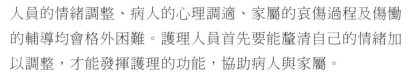

人員的情緒調整、病人的心理調適、家屬的哀傷過程及傷慟的輔導均會格外困難。護理人員首先要能釐清自己的情緒加以調整，才能發揮護理的功能，協助病人與家屬。

　　時空定位的對象包括自身與對方，清楚了解並定位個人所處時間空間的立場，其間蘊含著彼此的價值觀、信念、能力、責任、身體狀況等。自身的定位，是要清楚自己「在場的」狀態，自己是帶著什麼樣的立場看對方，是否可能偏執地看待對方或是自身，這樣的觀看有助於護理人員認識自身之定位是如何影響人際間的互動，這種影響對於照顧的意義是什麼？定位對方（病人），也是要清楚其「在場當下的」狀態，例如，一位不停地重複述說自身過去罹患血癌時之生病與治療過程的住院中年男性，他當下重複述說的語言是過去積壓情感的出口，同時蘊含對未來的期待，他的「在場當下」是不同時空的疊影。護理的難題常是未注意到病人個別的特性；因此，不容易釐清他當下的「時空疊影」，而將病人的訴說歸於「牢騷」加以忽略。對於護病間倫理議題的探討，需要重視理解照顧時空定位的立場，以提供良善的照顧。

　　定位自身，是知己的實踐。知己是真誠的面對自己，經過對自身的澄清，才容易明白「己所不欲」；而透過自身的經驗，認識「人之所欲」。而定位對方，是知彼的實踐。透過真誠了解對方的「在場當下」與時空定位，方能體會對方之「所欲」與「不欲」。透過知己知彼的過程，進而才能達到「推己及人」與「視病猶親」的境界。

㈡護理倫理實踐之時空與定位

　　時空與定位是護理實踐的基礎，也是護理倫理實踐的依據。國際護士協會提供給全球護理人員有關臨床護理倫理決策的指引中，Fry 認為護理人員實踐護理倫理是受四項概念所驅使：代言（advocate）、履行責任（accountability/responsibility）、合作（cooperation）與關懷（caring）。其內容的陳述主要著墨在表面現象的描述，缺乏在實踐過程中時空定位的分析。因此，本文特整理出相關文獻及臨床案例說明護理倫理實踐過程中時空與定位的意義與重要性。

　　1. 代言的立場是有多樣性的，必須認清自己是以什麼立場為服務對象代言？是基於正義倫理，為他伸張正義？或是以父權的、專家的考量下，替他做最好的決定？還是考慮他的存在經驗，在護病的互動關係中，重視他的抉擇？如果，護理人員執行照顧行為只重視自身是擔負代言的角色，那麼，照顧的行為只是讓護理人員滿足於自我實踐的需求，而未能考量或尊重受照顧者所在的處境及需求，這樣的照顧不僅未能達到照顧的目的，可能還會產生更多的傷害與苦難。如同一位對孩子過度保護的母親，關注在滿足於自己母親角色的執行，不注意孩子成長的階段與需求，因此將抹煞孩子成長的機會。

2. 履行責任是一種「對回應的回應」（responses to response），其中包含兩個特質，可答覆性（answerability）與責任（responsibility），意指個人對應負起責任的履行與反應。道德行為不只是回應過去的行為，同時也要預期我們所做的回應行為可能引發對方下一步的回應，預期著回應對象「對回應的回應」，因此履行責任的過程是必須瞻前顧後的。至於道德實踐的發生，首先要了解事件的脈絡以判斷是否應回應履行責任，還要衡量自己是否具備有回應事件的能力。當道德行為人能力不足或組織系統有阻力而使責任無法履行時，則回應無法產生。

以罹癌病人的照顧為例，人們在面對癌病的診斷有其心理的過程，需要時間調適，護理人員應了解每位個案的調適時間不同，需要提供的資訊與照顧也不同。此外，在癌症病房裡往往可觀察到不同的病人對自己診斷的認識程度與立場均有所不同，有的在心理上始終未準備好面對診斷的宣告，而無法有告知診斷的時機；有的聽到診斷，給自己判定死刑，就失去求生意志；有的聽到醫生告知癌病的診斷，就不甘心自己如此被判死刑，掙扎於有限剩餘的生命之中；有些則平靜以對，緊緊抓住有限的生命發出餘輝。護理人員面對這些反應不同、適應階段不同的病人，需要了解病人過去的生活經驗，定位其心理社會的時空，預估採

取某些措施後病人可能會有的反應與影響，適當掌握回應的時機、內容與方式。護理人員不僅要了解病人的經驗背景，也要充實自己的生活經驗與視域，以增進對回應需要性的敏感度與回應的能力。尤其需要能敏感察覺自己對失落與生死的看法、學習面對各種或死亡的處境，熟知失落與傷慟情緒過程輔導等相關知識與生活脈絡。

3. 合作是促成良善負責照顧的重要元素。前述提及護理人員要能瞻前顧後適當為病人代言，並不是要控制或貶低其他專業人員。事實上，病人的最高福祉是需要透過醫療團隊成員的通力合作才能達成。然而，醫療團隊成員的合作關係有其過去的經驗背景，在時間序列的運作下，這些經驗積累的結果會影響合作的意願和方式。但是，醫療團隊成員的合作關係不能危害到病人的福祉。護理人員基於過去合作的經驗，對照「在場當下」的情境，必須清楚有所為有所不為的定位，決定合作與否及合作的方式。

近年來，「安寧緩和醫療條例」通過，每個人可以簽署「安寧卡」，以免臨終時受到不必要的科技虐待。當醫師提出讓病人簽署「預立選擇安寧緩和醫療意願書」的意見時，護理人員需要配合執行，但是開口讓病重的病人簽署放棄急救意願書不是件容易的事。有的護理人員覺得此刻做這個建議好像要病人放棄生

命，是不應該的；有的家屬不同意醫師的意見；或是一個家庭中每位家屬對這項簽署有不同的意見。護理人員面對來自家屬、醫師不同的要求，面臨著說與不說，或是如何說的掙扎；此時唯有明白彼此的時空定位，才能促成合作提供照顧。首先定位自身，自己難以啟口的理由是什麼？這個理由是否合適？如果需要說出，說出的立場又是什麼？要如何促進不同意見間的溝通？因此，更要清楚每一個對方的立場。

4. 關懷是人類的基本需要，也是護理的基本要素。在人類的關係中，關懷是透過行、活動與過程才能清晰可見。關懷不僅需要情感的投入，還需要有科學探究的精神與對文化的認識，才能適當表達關懷，滋潤人心。護理情境中的關懷必須從人、情境脈絡與護理活動三方面透視。關懷之情乃人類由外在情境引發內心欲保護、呵護或協助的柔軟情懷。人們所處之文化與情境均具有時空的元素；因此，照顧者對被照顧者時空背景的認識與定位關係著關懷的發生與否。

例如當護理人員要照顧一個行為違反社會規範或法律的人，面對來自病人的憤怒、騷擾或挑釁，及內在對這類人物的憎惡與憤怒，護理人員要如何能發自內心去關懷他們及提供照顧是相當難的課題。面對這樣的病人要從過去的時空了解其成長及生活的脈絡去體認及諒解其不法或不道德的行為，關懷的情懷方能產

生，也才能繼續就其「在場當下」了解其照顧的需求。此外，護理人員還要有深厚之整理自己的功夫，才能保全自身，提供照顧。具備這樣的功夫，可以從困境中學習，成就對方與自身。

二、照顧關係中的互為主體性

護病之間是一種面對面且無法置身事外的照顧，其中存在著互為主體的關係。這種關係雖然能夠促成相互的生成，護理人員依著病人的反應調整自己照顧方式，磨亮自身；病人亦然。但是，隨著護理人員主體性發展的層次差異，有不同的定位形式與反應方式，包括因「病人的錯」而生氣，因「自己的錯」而自責，因好奇或不自在而反思。其中的生氣與自責，都可藉著與他人對話，釐清自己與病人的關係，學習到良善的護理行為。反思是一種以自身進入第三者的立場，進行反省實踐（reflective practice）的功夫。若照顧者在當下清楚自己的情緒，則這個情緒將成為澄清自身價值觀的鑰匙。由於情緒的出現，警醒自身的立場可能與對方的異同，引發第三者的立場去思考異同的原因，而能離開原有的觀點，試著理解進入病人的立場，因而產生真正的對話與同理。這種反省實踐的立場需要在實際的經驗活動中鍛鍊，以下將由照顧關係中的關心，以實際案例說明護理人員在角色

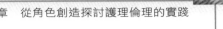

創造過程中的反省實踐。

㈠照顧關係中的關心

關心（care）是人存在於世，就自然具有的人性特質。關心的對象是有所指的，是生活中的人、事、物；當人活著自然有著對食衣住行等生活事物的操煩（concern），當人與他人同在時，自然會有對人的牽掛（solicitide）。護理專業的生活場域時常要面臨存在的操煩與牽掛，這些可能來自行政措施或是專業知識。以下藉兩個例子分別說明關心與時空定位的立場。

例一、行政措施方面，有位護理人員厭煩於護理部規定每天必須給病人五分鐘的「衛生『教』育（護理指導）」，因此，她的反應方式是，「好，我每天就到病人床邊去教（叫）五分鐘。」

例二、專業知識方面，一位護理人員，對於個人理解的專業知識提出質疑，認為所學的溝通技巧不足以應用於照顧病人的情境，「讓我（以溝通技巧）去問病人：『你今天覺得怎樣？』我會覺得很彆扭。前幾天早上，我才不管什麼治療性關係，什麼溝通技巧，我看到病人床旁桌的花，我就直接讚美她桌上的花好美，病人就自然的跟我談到送花的人，她的生活與她對自己病情的擔心。如果用那些技巧反而不容易跟病人談話。」

　　護理人員在護理實踐中的牽掛與操煩，是身臨其境地發生在每個互動的當下。分析這兩個案例中護理人員的位置，第一例的護理人員有專業知識，但是，其個人的美德未能彰顯，執行照顧角色時，僅關心到專業角色形式上的要求，帶著不愉快的心情，忽略互動對象的需求，從事無意義而浪費精力的應對。第二例的護理人員反省自身過去經驗，關心到專業知能在當下之應用，發展出在現場實際與病人互動的方式。

(二)護理人員角色創造的過程

　　每個護理人員執行角色功能時，實際上涵蓋著不同層次的自我，包括生活經驗中的自己，專業智能塑造的自己，以及現場互動時的自身。清楚定位自身，將真誠的心帶入當下的互動，是良善負責護理得以實踐的要素。這種混合自身、專業與當下互動的護理人員角色，可採用高行健（2001）角色創造過程的三重關係論點（pp. 264-283）加以理解，這個過程包括三個階段：第一步，淨化自我（我），清楚自己原有的價值觀與立場；第二步，中性演員（你），練就的一身功夫，一種專業的知能；第三步，進入角色（他），與人互動的場域，一種在現場的狀態。護理人員在現場實踐照顧角色時，如同演員進入角色，「演員踩著鑼鼓點子一經上場，屏息注視台下，將目光朝觀眾一一看去，同觀眾即刻建立交

流，此時此刻，他那目光既是角色，又是演員，還又是他自己。……也即，扮演者自我審視，以演員身分，扮演角色，通過和觀眾交流得以確認，便活在舞台上了，一個角色的創造便得以完成。（p. 268）」護理人員照顧病人時，傾聽病人的訴說，在用心聆聽時，護理人員自身帶著一種自己的立場去理解對方，自己的立場包括生活中的自我（我）與專業中的自我（你），兩者影響其感知的內容。同時，經由當下與病人的互動，調整自身的感知。由於「同一主體透過人稱的轉換，可以產生不同的感知。（p. 194）」因此，護理人員角色執行是否恰當，涉及自身如何經由我、你、他的交織而展現。上述的兩個護理人員以不同的狀態執行其角色。第一例的護理人員，在上場時沒有注意到病人的眼光（他），處於一種自身的自由（我）與專業要求（你）之間的掙扎，以至於採用無意義的獨白，處理你我間的衝突。第二例的護理人員，注意到病人的眼光（他），經由自身的自由（我）反省原有的專業學習經驗（你），以至於能超越原有的立場，進入與病人互動（他）的現場，這是一種「如同聖徒，通過角色將自身奉獻給觀眾。（p. 279）」的境界。此二例的差異顯示出護理人員塑造執行自身的角色功能時，注意到「你」、「我」、「他」的不同，會出現不同的倫理照顧層次。

(三)護理人員全身心的過渡

　　護理人員與病人互動的過程，是一種全身心的參與。除了語言的表達，護理人員的行為舉止也傳遞著訊息，「他（她）垂目內視，也並未中斷同觀眾的交流，通過他（她）的姿態和動作將意念擴散到觀眾中，從而讓觀眾也接受他（她）內心的感受。（p. 280）」第二例中之病人由護理人員的言行之中，感受到其真誠的態度；自然就願意真誠地分享自己的生活經驗，因此護理人員才有機會理解病人真正的需求。護理人員與舞台上演員的不同在於，護理人員與病人相互之間的變化是迅速又現場的相互發生。對一個演員來說，「如何從感知自我到清除自我，以自我來靜觀調節演員自己的身體，再進入角色，是一個難以說得清楚的全身心的過渡。（p. 281）」護理人員在場與病人互動的自身，更是一個複雜的「全身心的過渡」。這樣一個困難的角色執行，基本上是需要一個清明的自我，並維持真誠地面對每個當下經驗的習慣與態度。這是一種在行動中反省的歷程，這個歷程中的我，需要經由觀眾或是病人，形成一個鏡中的我，觀照反思自身，成就自身執行照顧的能力。如第一例之護理人員，當她對著病人「叫」五分鐘，病人臉上顯露出的迷惑或不耐，就是護理人員的鏡子，可用之觀照自己行為的適切性。只是，例中之護理人員受到某些因素的蒙蔽，無法藉以觀照

自身，就不能進入一種全身心過渡的狀態。當處於全身心過渡的階段，由注意到他人而內生的我，是鏡中的我，也是互為主體中的第三者，促成道德倫理能力的生發，產生護病關係的反思與超越。如果不能去除蒙蔽，找回良知，第三者或鏡中的我就難以協助個人發展良善負責的功能。

三、護理人員的倫理實踐

倫理實踐是顧及與他人的關係，亦即護理人員與病人的關係，護理人員對自己的在場當下很明白，這種良心上的徹底明白，是角色定位中的清楚自身立場，是倫理實踐的基礎。下文中說明倫理實踐所需的道德養成過程，並且探討護理倫理困境與道德養成的關係。

(一)道德養成的過程

儒家傳統的精粹在於「為己之學」，每個人可以在內在生命中找到價值的泉源。「為己之學」的實踐就是內聖而外王的過程，曾昭旭將此過程分為三個階段：盡心、養氣、知言。

護理實踐的過程中，如何進行盡心、養氣、知言的道德實踐？盡心是一種存心，「君子所以異於人者，以其存心也。

君子以仁存心，以禮存心。」（《孟子》〈離婁〉）。盡心是讓仁呈現，感覺到在場當下的存在，與周遭的關係。如上述中第二例的護理人員，執行實際照顧活動時，超越過去學習的專業規則，隨著當下病人與實際狀況做變化。有時，注意自己角色對應人物的眼光；有時，注意自身的立場；有時，注意專業知能的立場。讓明覺的仁心呈現，能夠與周遭交感共鳴，與發同情，作出良知上的抉擇。護理人員面對倫理困境時，能夠當下明覺，亦即清楚自身所在的你我他，可能比較容易作出倫理抉擇，為當前倫理困境創造意義，因此能夠解決其所衍生之崩耗或離職問題。

養氣，培養人的正氣，這是基於明覺的良心，累積每一當下的正當選擇，建立內在信心與存在感，由此而生成自我肯定的勇氣，也就是「集義養氣」。其中，每一當下的選擇，是在維護正義而發，不是在自我表現。上述之第一例護理人員，對病人的衛教目的僅在「表現」自身完成被交代的任務，工作上以「求表現」為主，忙著應付外在的要求，難以由工作中得到滋潤以養氣。第二例之護理人員，選擇合於當下的方式與病人談話，以實現自身提供照顧的目的，她的「求實現」，滋養她自身。

知言，是指聽懂病人的話，同時也要能說病人能夠聽懂的話。這個聽懂不只是字面上意思的理解，還包括此時此刻病人說出這句話的深層涵義。例如，病人在手術前說到：「以前告訴你我不怕開刀，是『騙』你的，其實，我現在非常害

怕。」這個語句中「騙」，表面上是欺騙的騙，但是，在這個互動的脈絡中，蘊含著「相信你」而勇於面對且道出自身的恐懼。說病人聽懂的話，也不僅在選擇病人的母語與她（他）溝通，而是在互動時考量病人所處的時空，選擇合適於其處境的方式與內容。

　　盡心、養氣是護理人員個體培育自身，與護理人員角色的三重關係都是一種內聖的工夫；知言，則涉及與他人互動，協助他人。無論內聖或是助人，都需注意個體所處的時空脈絡。

(二)護理倫理困境與道德的養成

　　盡心、養氣、知言的道德實踐過程指出護理倫理實踐的內涵，然而這種道德實踐的能力如何產生？護理人員時空定位的能力，對護病關係當下的明白，雖然能促成道德的實踐，但是豐富護理人員理解的視域，才能敏感的察覺到適切的定位。

　　經由對話與辨論的過程探討倫理困境，護理人員可以澄清自己的價值觀，分析事件所涉及的各種價值，而達到豐富護理人員理解的視域，增進對問題的敏感度。因此，倫理困境是鍛鍊倫理實踐能力的機會，當人面臨內在心理的衝突時，會促成尋求和諧的動機，埋下道德發展的種子。道德的種子經過情境的再現與反思，而得以萌芽。就是經過對自身

或他人發生過的倫理困境，加以分析討論，釐清倫理困境的多面向，擴充照顧者理解的脈絡，累積當下採取正當選擇的經驗，是一種養氣的功夫。但是，盡心、存心立場的培養，可能不是只由困境議題的討論，就能夠處理的問題，這是發展護理倫理教育的重要課題。

四、結論

　　護理倫理學的發展受到社會思潮的影響，除了早期的生命醫學倫理之外，後來的關懷倫理、女性主義倫理以及現象學倫理等觀點均滋潤著護理倫理的演變，這些思想如何影響護理倫理的發展是值得繼續探究的。本論文著重在基於人之存在定位，分析護理人員之角色，探討護理實踐的倫理現象。

　　成就一位具有良善負責品德的護理人員，就是生發護理人員實踐愛的能力，愛的能力是否恰當展現，是否能生生不息，正是護理倫理學所關注的，包括外在的行為規範與內在的自我期許。從事照顧行為時，必然要重視當事人的經驗與感受，理解其所處的時空，再根據所在的時空，採取適當的互動方式及提供合宜的照顧措施。顯然，對照顧對象及自身作合宜的時空定位，是照顧者孕育同理照顧態度的重要學習與修行。關於時空定位的意含，能以你、我、他之角色三重關係論點，指出護理人員自身的立場；以盡心、養氣、知言

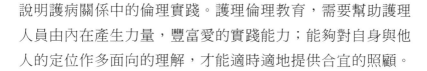

說明護病關係中的倫理實踐。護理倫理教育，需要幫助護理人員由內在產生力量，豐富愛的實踐能力；能夠對自身與他人的定位作多面向的理解，才能適時適地提供合宜的照顧。

參考文獻

中文部分

毛怡紅（1995）。自然的自然性及其意義。**中國現象學與哲學評論**，第一輯：現象學的基本問題（頁187-188）。上海：譯文。

毛怡紅（1995）。海德格爾的原始倫理學及其當代影響。**哲學雜誌**，**12**，72-84。

高行健（2001）。**沒有主義**（頁264-301）。台北：聯經。

張碧芬（1994）。試管嬰兒技術的倫理考量。**護理雜誌**，**42**，30-36。

莊雅棠（2000）。負責任的自己——理察尼布爾的基督教倫理學評析。**第一屆倫理思想與道德關懷學術研討會**。台北：淡江大學。

曾昭旭（1989）。中國人生哲學的特色。**人生哲學**（頁109-138）。台北：國防部。

楊玉娥（1995）。時間對經產婦於產後居家初期之運作蘊意。**護理研究**，**3**，149-159。

楊玉娥（1997）。時間概念與護理。**護理雜誌**，**44**，71-75。

趙可式、沈錦惠合譯，Viktor E. Frankl著（1983）。**活出意義**

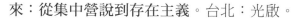

來：從集中營說到存在主義。台北：光啟。

蔣欣欣（2001）。由性加害者的照顧反思護理倫理議題。**護理雜誌，48**，33-36。

蔣欣欣、余玉眉（2001）。護病間的互為主體性。**國立政治大學哲學學報，7**，307-322。

盧美秀（1994）。**護理倫理學**。台北：匯華。

西文部分

Anderson, G. (2000). Nursing, ethic and genetics: Calling for a multiplicity of voices in our ethical discourse. *Nursing Ethics, 7,* 187-190.

Benner, P. (2000). The roles of embodiment, emotion and life world for ratinality and agency in nursing practice. *Nursing Philosophy, 1,* 5-19.

Chao, Y. (1996). A unique concept of nursing care. *Internaional Nursing Review, 39,* 181-194.

Chinn, P. L., & Krammer, M. K. (1995). Nursing fundamental patterns of knowing. In P. L. Chinn & M. K. Krammer (Eds.), *Theory and nursing: Integrated knowledge development* (5th ed) (pp. 1-16). NY: Mosby.

Fry, S. T. (1994). *Ethics in nursing practice.* Gevena: International Council of Nurses.

Heidegger, M. (1962). *Being and time.* San Francisco: Haper.

Leininger, M. (1988). Cross-cultural hypothetical functions of caring and nursing care. in M. Leininger, *Caring: An essential human need* (pp. 95-102). Detroit: Wayne State University Press.

Olsen, D. P. (1993). Prpulatins vulnerable to the ethics of caring. *Journal of Advanced Nursing, 18*, 1696-1700.

Scott, P. A. (2000). Emotion, moral percetion, and nursing practice. *Nursing Philosophy, 1*, 123-133.

Wurzbach, M. E. (1999). The moral metaphors of nursing. *Journal of Advanced Nursing, 30*, 94, 99.

第五章

護病間的互為主體性

▶▶蔣欣欣、余玉眉

一、護理照顧的本質

　　近代一些護理學者以主體際性或互為主體性（intersubjec-tivity）指出護士與病人之間相互關懷互動的現象（Paterson & Zderad, 1976; Watson, 1985, 1990）。護病之間存在著彼此尊重相互學習的關係（蔣欣欣、盧孳艷，1996）。護理學者提出這種現象是基於對目前專業發展的反省。當工業革命之後，機器取代手工，醫療照顧的工作也受到影響，許多機器的發明可以幫助醫療人員診斷、評估、治療生病的人；但是當人們過於看重現代科技，容易忽略科技真正的主要服務對象是人。美國精神醫學家（Caplan, 1961）觀察到，當機器進入照顧場域中，優秀的護理人員忙著去學習應付機器，無意中把實際照顧病人的工作交給新手或佐理人員。Ellenberger（1958）稱此為新科技帶來的「難題」，他認為所有科學發展過程中，新的技術總會帶來新的發現，接著產生新的難題，如此反覆，無窮無盡（宋文里譯，Ellenberger 著，1988）。其實引進任何一項新科技進入專業中，我們必須小心的思索，以免傷及專業的精神，護理人員照顧的對象是病人，任何科技的應用都應是以病人的需求為依歸。在時間、空間、心理、社會層面，護理人員都是最容易與病人親近的，護士與病人的互動實況，是最能夠展現互為主體實踐的場域。護理學門從

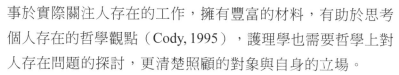

事於實際關注人存在的工作，擁有豐富的材料，有助於思考個人存在的哲學觀點（Cody, 1995），護理學也需要哲學上對人存在問題的探討，更清楚照顧的對象與自身的立場。

　　護理學以各個學科為基礎，不只是應用其他科學，更是加以實踐的學門（science-based discipline）（Embree,1997）。護理學是對人們生活世界關注的實踐。實踐照顧的過程必然需要許多知識技術的輔助，然而實踐照顧的基本態度，是深切影響照顧的品質。此態度涉及對人與我的理解方式，受照顧者（care-receiver）接受操弄的對象，或是具有個人經驗的主體？照顧者（care-giver）是執行技術的器物，或是具有個人經驗的主體？在醫療照顧的生活世界中，如何可能建構出除了關注身體之外，也能促進個體成長的生活世界？人寓居於世，必然有著牽掛，對物的牽掛是料理，人的牽掛就是照顧（汪文聖，2000；Heidegger, 1979）。照顧過程中，照顧者內心必然出現牽掛，這種牽掛是料理？還是照顧？這涉及照顧者看待照顧對象的方式。沈清松（1997）指出生活世界是經由人的主體性，配合彼此互為主體性，共同建構出存在意義的世界。法國哲學家Marcel認為人透過身體經驗建立互為主體的關係，互相把對方當作主體，所以是由自我出發，到互為主體，進一步到我與世界（傅佩榮，1995）。至於護病之間，如何透過互為主體性，建構出有意義的世界，建立我與世界的關係。因此，需要思考何謂護病之間的主體，互為主體性的發展，以及其在護病治療關係的困境，並探討照顧

中的反省與超越，期能指出照顧者與被照顧者之間相生相成
的關係。

二、護病關係中的主體

　　主體經驗再被重視，是源自近代科學過於強調客觀理
性，在以西方科技為主的醫療環境中，容易忽略個體的主觀
經驗，使得醫療照顧中出現「病人不見了」（張苙雲，
1991）。病人不僅被化約成需要治療的器官，醫護人員變成
維護或檢視器官的工具。此情況中，病人的主體性不被注意
到，因此，與之對應的醫護人員自身的主體性也消逝。現以
觀察一個四年級護理學系學生幫病人量體溫的經驗為例，說
明這個現象：

　　一位皺著眉頭，好不容易由床上坐起的老先生，接受護
生的晨間照顧。量過體溫後，老先生的眼光，隨著體溫計來
到護生的面前，問到「幾度？」低頭忙碌著的護生，由帶著
口罩的嘴中發出一個聲音，不知道那個老先生聽到沒？接著
是量血壓、給藥。護生完成系列照顧的活動，卻始終未接觸
病人的目光。

　　上例中，不只是「病人不見了」，護士（生）也不見了，
她在醫療情境中變成檢視器官功能的工具之一。自身是否清
楚自己的處境？

　　當護生回到護理站後老師與她談到上述的觀察：「……病人好像只是那根體溫計，那血壓計的指針……」，當她聽到這句話時，眼中泛起淚光。後來，其實習日記上寫著「……老師的形容不會誇張，只是我是慈（濟）青（年），沒想到我對病人的態度竟是這樣子。……」

　　發現自己不是自我期許中那位有愛心的慈濟青年，雖與病人共「存」於時空，但是具有愛德的自我卻「不在」現場。人在時空中難免出現「存而不在」的狀態，當意識到自身成為物化他人的主角時，或是自身無意識的物化自我，造成彼我之間或自我與自身疏離的狀態；如同，護生注意到自己無法適當存在的限制，就產生情緒的波動，這是開啟「存在」的鑰匙。當人愈能體認反思到主體存有的有限性，就愈能有自我提升（汪文聖，1997；Heidegger, 1979），上例中的護生在自己的反省之後，能經由主體化的過程，改變對病人照顧的態度，次週觀察她照顧病人的態度出現明顯的不同；能自在的與病人談話，雖然同樣是忙碌於照顧的工作，但是臉上的表情顯露出活力，而不是專注在器物的生硬。

　　主體性是如何產生？主體不能創造它自己，主體性的發展需要經由特殊的互為主體經驗。Foucault認為主體性是經由主體化的實踐被建構而成，以一種更自主的方法，經由自我解放與自由的實踐構成（姚人多，2000）。上例中護生透過實踐與反思的互為主體關係，改變自己的視域，建立個人的主體性。

英國精神分析學者 Winnicott（1960），根據母親與嬰兒的關係說出主體建立的模式，他更指出嬰兒是因母親而存在〔There is no such thing as infant（apart from the maternal provision）〕，此論點與莊子「非彼無我」相類似，「我」是對應於「彼」而生，沒有對方的存在，我就無從而生，莊子又繼續提到「非我無所取」，我是能夠選擇、有自主性的主體，帶出一種相互而生，又有發展的空間；因此，如果沒有病人，護士這個主體如何存在？當病人角色出現，能夠對應病人需要的護士角色才產生；倘若，病人角色不存在，自然就不需要護士角色的存在。同時，護士的角色功能如何發展，也是經由護士的抉擇，護病之間是相互生成。此相互生成的互為主體，如何開展出護病之間的共融，達到自我提升。

三、護病關係中互為主體性的發展

主體是在相互作用、彼此生成的主體化實踐而生成的。這個人際間互為主體的發展，可由 Winnicott 對母嬰關係發展的分析加以理解，雖然護病關係並不等同於母嬰關係，但是母嬰關係是人類最早發展的照顧關係，對此關係發展的歷程的理解，有利於認識護病關係中互為主體性。同時嬰兒最原初藉著與母親的互動發展自身的主體性，母親也因著嬰兒發展母親角色，經由實際互動過程中，在認知層次上開始建立

主客的概念（余玉眉、蔣欣欣、陳月枝、蘇燦煮、劉玉秀，1999a，1999b），Winnicott指出母子之間經由互為主體的過程建構主體，這個過程不是僅在個人內在世界或是外在現實世界，並且生發於第三種存在於母子間的潛在空間（potential space）（Winnicott, 1971），其間隱含著信任，使個體在此空間中自在的遊走，發展創意，成就彼此。

　　嬰兒主體發展的過程，是經過投射性認同（projective iden-tification），即是由嬰兒將自我投射於母親，同時認定投射於母親身上的我，將母親視為自己的一部分；接著，母親也應和著嬰兒的需求，讓嬰兒更相信自身的全能，創造自己的世界，此時母親將自己投注給嬰兒，是隱身的存在；之後，當嬰兒經由身體感官的發展、經驗的累積、注意母親臉部表情反應與自身的關係，母子之間建立起鏡照關係（mirroring rela-tionship），對嬰兒而言，母親如同一面鏡子，照現出自己與世界的關係，讓嬰兒逐漸清楚自己內在原有與外在實際的相同或不同，此時，母親經由確認與認同嬰兒的內在狀態，使嬰兒能自在的以他者的角色觀看自身，嬰兒本身成為觀察的主體與被觀察的客體，產生反思的空間（reflective space）；當嬰兒面臨失落，經驗到現實世界的不如意，在反思的空間創造一個過渡客體（transitional objects）（如，奶嘴或不離身的毯子），用以處理我（me）與非我（not me）、真實與幻想的緊張關係；最後，關注與使用客體的經驗（experiences of object usage and ruth），母親就不再被視為自己內在的部

分,而是與自己互動的另一主體。當嬰兒可以將母親視為外在的對象,就能對母親生成關注,銷毀自己內在萬能感,注意到母親主體與我之主體,形成 I-Thou 的互為主體關係(Ogden, 1994: 53)。

在母子關係中,嬰兒藉著母親的存在,建立起自身的主體性,也清楚對方是另一個主體。若由母親的角度分析,母親是否也由此互為主體的關係建立自我?基於對嬰兒的牽掛,母親提供適當的反應,滿足嬰兒的需求,同時應和著嬰兒的成長;但是,嬰兒在自己的原初世界,初期是否能調整自身,配合母親的需要?因此,母親角色的發展,是與嬰兒立場發展的機轉不同;母親的投身,不去計較或要求嬰兒配合自己建構的世界,而是允許嬰兒主體自由的觀看省察,隨著時間的向度,透過彼此的互動,發展相互之間的主體性。

護士與病人之間的照顧關係不是先天賦予的,但同樣是存在一種母嬰之間的牽掛。護士對老年臥床病人的牽掛,表現在注意他身體的舒適,協助沐浴、更衣、下床活動。同時護士也注視著病人的能力發展,由病人的言行反應中(鏡照),反省自己是否給病人足夠的空間,是否干擾病人發展照顧自己的能力,是否過度干涉,而影響病人對自己身體的信心與責任;這種反思是於一個跳脫彼此現場的潛在空間中進行,經過此過渡於彼此的反思空間,護士能夠修正照顧的方式,由自以為是的照顧,走向以病人為主體的照顧。與母嬰關係主體性發展不同在於,沒有命定的互為主體關係發展

中，反思空間就更顯重要。前例中幫病人量體溫的護生，觀照自身的能力，除了來自個人反思前的自我期許——「我是慈青」，還可能涉及促進其轉換角色行為的過渡時期經驗。

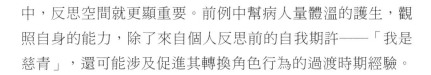

四、護病關係的樣態

　　護病關係被定義是一種助人的專業關係，或稱為治療性關係，強調照顧者的專業職責；常被要求應保持客觀立場，不宜有社交性關係中感情的投入。實際上，治療性與社交性關係之截然二分的歸類，限制護病關係的開展。當病人是接受照顧的客體，是觀察與測量的對象，護士在一個權威的角色，劃定自身與病人的界限。一些護理學者認為這種區分是受到Réne Descartes對主客二分觀點的影響，需要思考這種主客二分的適切性（Pierson, 1999）。在治療性關係中不再只是觀察分析治療對象，也要注意到治療者本身在互動過程中的個人內在狀況，治療情境是兩個主體共同創造出的關係，在這種關係中彼此在意識與潛意識上的主體是相互作用的（Natterson et al., 1995）。Schutz指出這是一種的「充滿內容且相互投入的我們關係」（mutual tuning-in relationship）（游淙祺，2000），這種形式的治療性的人際關係，是由互相對話揭露真理的經驗。屬於情境式的，隨機而發，沒有預設立場，因之以蔓延，即真理的經驗由雙方揭露，但也必須隨說

隨掃。不能固守原有的,才能保持創造力。

　　護病關係是面對面且無法置身事外的照顧關係。依據臨床照顧活動的時間與空間考量,護理人員是醫療照顧人員中,與病人接觸最頻繁的照顧者。這種親近的工作情境,無法避免會觸動護士心中強烈混雜的感覺,如憐憫、關懷、愛、罪惡感、焦慮,同時也可能觸動深埋在心中的早年成長經驗(夏林清譯,Menzies Isabel 著,1994)。此種狀況下,理解的過程中需要不僅看到對方,也要面對自己,因此,護士與病人之間的主體性可能是相互生成的。

　　護士(生)對病人的理解,最初是由自身的經驗出發,把自己對病人角色的想法投射於對方,提供照顧,但是發現病人不是依自己認定的形式反應,出現生氣、自責、不自在的情緒,這些情緒經由不同情境,照現出彼與我的不同,可能經由對話的過渡經驗中,使得這些不同得以逐漸澄清與發展。

◆ 案例一,「她為什麼騙我?」──生氣／病人的錯

　　基本護理學實習時,有一天,一個學生(二年級)氣沖沖的跑來問老師,「病人為什麼要騙我?」這種學生的反應,在過去很少出現。詢問之後,學生提到,「那位子宮頸癌的病人,

明天要開刀，剛才跟她談話時，她說到『我其實很害怕』，我就問她『那妳以前不是告訴我，妳不害怕嗎？』她說『以前是騙妳的』，她怎麼這樣，怎麼可以騙人？」

這位學生感到自身的主體性未被尊重而憤怒。為何她這麼直接地定義自己受到的對待是「受騙」？此二年級護生，剛進入學習照顧者的角色，在鏡照關係中，先有的主體是個人世界的我，專業我尚在萌芽階段，不同於上例中四年級護生以「慈青」作為前反思的主體。此時，需要學習專業角色中由時空定位病人處境的能力，逐漸體悟隨著護病關係的進展，病人會有的不同反應；病人語詞中「以前是騙你的」，深層意義是「現在對你的信任」。另一方面，由個人發展的角度，在其個人世界中的我，是否容易帶著指責的眼光，觀看世界的眼光，可能來自她過去成長經驗中受過的傷害。就學習者的立場而言，是否由互為主體關係建立過程中，可能療癒過去個人生活中留下的傷痕？

◆ 案例二，「我沒有好好照顧他。」——自責／自身的錯

某次在精神衛生護士們的成長團體，一位護士談及，對常以作態性自殺威脅操縱治療人員的病人，感到不勝其煩。團體中經過一段時間抱怨、責難的對話之後，討論到，對於難纏的

病人，其實不該只是給予監督限制。於是這位護士在團體結束之後，就調整自己，試著去傾聽病人的心情；在下一週的成長團體中，說出自己的改變與發現，認為病人不再只是個麻煩製造者，他也有自己很深的困擾，同時，護士常與他談話後，他也不再頻於病房鬧事。之後，又一次的團體中，護士提到這位曾經被認為難纏的病人出院時，送給她一件禮物：一片藏匿身上準備用於自殺的 CD 盒子斷片。這位護士對病人此行為的反應是，「病人說這東西已藏十幾天，原來準備自殺用，可是卻沒有機會用它。他為什麼給我這個東西？好像覺得我沒有好好照顧他似的……」

病人因著護士的照顧而改變，護士因著團體中的對話與後來的反思而改變。只是，為何護士最後以「病人好像覺得沒有受到照顧，而故意給我 CD 斷片」，這種自責方式，解釋病人送東西行為；而不認為給她 CD 斷片，是代表病人放棄個人世界中的自殘與抗爭。他可能是以自己的改變，表達一種對護士的感謝。

事後詢問這位護士，她談到，是因為覺得自己常常無法把事情做好，而這種感覺是源自早年與母親的關係，「媽媽很關心我，但是很嚴厲，好像我怎麼做都不能讓她滿意。（流下淚水）」在她生活原型中，我一直是個做不好事的孩子，因此可能將病人對自己的感激，也理解成病人責怪自己。

◈ 案例三，「她在說什麼？」──不自在、好奇／反思

　　某次團體治療中，篤信基督的病人對著護士，生氣的說到，「我的病歷資料不給你看」，聞此話語，護士感到被病人拒絕的不舒服，其中夾雜著好奇。好奇她因何如此生氣？是因為護士就像逼病人信佛的父親一樣（病歷上記載此次住院前發生攻擊父親的事件）？不舒服，是因為護士認為提供的是幫助（引導團體分享信仰經驗），卻意外地受到指責。護士不舒服是源於企圖改變對方的失敗？是護士本身價值觀產生對病人的偏見（應該尊重別人的信仰，不該堅持自己信的是唯一真神）。由於護士在對話當時，即刻反省到個人的期望偏見；因此，之後的對話中，保持著聽的態度，注意聽「她在說什麼？」病人也在不斷地說出與感到被傾聽的過程中，語氣逐漸緩和。

　　在離開情境之後，護士藉著撰寫工作日記，繼續反省這段事件，再次繼續理解到，這位病人在團體中的憤怒，可能是將無力改變身處情境的抗議，投射於護士。同時，在最初的團體情境中，病人可能經驗到團體成員不太同意其觀點的憂懼，護士是病人轉化自己憂懼的出路，經由「我的病歷資料不給你看」呈現自身掌控情境的能力。之後，由實際互動語言與表達的過程中，病人逐漸體驗到團體的接納，而容易

打開一直封閉的心靈，反省到自己可能態度上有些需要改進的地方。

上述案例中，護病之間彼此視為主體的過程中出現困境，亦即病人不是依據護士的期望做反應，護士的反應也不被病人認同，出現相互投注的情緒，此刻，需要由自我內在形成一個觀察者，照現自身（me）與我（I）以及自身與對象（not me）的關係。造就一個具有超然態度的觀察者，也就是開放心靈、真誠的面對自己，然而這不是件容易的事，需要在安全的環境裡，自我才能得到解放，勇於面對自身的有限性，讓其他生命融入自己的生命裡，自然而然豐富生命的內涵。

五、關係的反思與超越

生活中的牽掛、憂懼或不舒服是自然存在的，反思是直接面對生活中的牽掛，幫助主體從憂懼、不舒服中提升自身。主體在面對牽掛時，觀看對方，同時也在映照自身，主體間的關係，隨著時間開展。這個過程中，需要有個擔任觀察角色的第三者，能體驗察覺個體的情緒。

護士在照顧的情境中，如何觀察自己的情緒，而提升自我？早年的自我心理學的寇哈特學派（Kohut, 1971），認為情感反轉移是分析者的自戀情結，對治療情境有負面的影

響，主張治療者保持客觀的立場，分析病人對治療者的情感轉移關係（transference），不宜有個人情感的涉入。但是，治療者也是互動情境中的主體，無法避免產生個人情感，對病人產生情感反轉移（counter-transference），這種情感反轉移如同 Gadamer（1976）指出的「偏見」（prejudice），其實，偏見可以讓我們對自己產生好奇，就能夠深入檢測此種偏見的來龍去脈，因此 Stolorow（1987）等人的互為主體理論中，主張要認真對待反轉移的情感，認為情感轉移與反轉移關係形成共同交相影響的互為主體系統，同時認為「反」轉移一詞，應改為「共」轉移（cotransference），因為後者詞意顯出，我們是參與在病人的互為主體場域中，我們會對病人的經驗作詮釋，一種同理性的了解，這種理解可以在詮釋循環（hermeneutical circle）中不斷地進行、不斷地運生（Organe, 1994）。

另一方面，Kernberg（2000）認為治療關係中，治療者需要以第三者的立場（third position），超越情感轉移與反轉移的關係，始能幫助病人澄清情感轉移中的潛意識衝突，而產生新的感知，經過這種內射認同，發展自我反思的能力，提升自我處理個體內在衝突的能力。如果分析者僅以「互為主體」的立場出發，容易停留在彼此的關係上，雖然可以保護病人免於分離、個人化，但這也可能限制病人自我情緒的發展。這種情形如同海德格所指出的一種對他人的牽掛，是為了自己的立場，不是幫助對方真誠面對自己內心所繫；亦即

照顧者可能宰制被照顧者，使後者失去對自身牽掛之責，沒有牽掛，也就無法產生憂懼、不舒服，更難經由決斷、籌劃邁往存在自我超越之途（汪文聖，2000；Heidegger, 1979）。儘管面對自己的偏見，會有不舒服的情緒，但是這種不舒服利於進入第三者的狀態看我們之間的關係，發展本真的照顧（authentic care）。第三者可以是有形的第三人，如母子關係中的父親（Kernberg, 2000）；或是無形的空間，如前所述的母子間的潛在空間或過渡時期。如果主體間的關係沒有第三者的立場或一個轉換的緩衝時空，可能停留在責怪自己、他人或企圖改變對方的宰制。第三者的意義，不只是讓自己暫離現場，去找出自身與他人或超自然（信仰）的關係；並且隨著進入自己內在世界，去找出自身與自己的關係。如案例一那位氣沖沖的學生，綜合病人在不同時間空間的對話，以受騙詮釋自己與病人的關係。在這個存在的受挫體驗中，可能經由對第三者的表述，逐漸明白時間的意義（時間與存在的關係），了解順著時間流中舖陳出不同的人際關係，由最初陌生的虛應到後來熟識的坦白，脫離原初自覺被騙的感受，了悟時間開展出病人對自己的信任。案例二自認有錯的護士，她在事後反思的對話中，體悟到自己對病人行為的詮釋，是受幼年與母親相處經驗的影響，對自我有更清楚的認識。案例三，經過反思，看到自己的偏見，而能更清楚病人的處境。所以，第三者是反思的重要來源，引發我們產生內觀、自我認識，甚至自主的追求對深層潛意識動力的了解，

因此，藉著反思的能力與同感性對話（empathic dialogue），由我自身，進入他者，同時又反觀自身，產生一種對他人的感通，且體悟自身，轉化經驗，擴展生命的空間。第三者似乎提供出一個可以超越主體限制的機會。

反思是一種自我觀照的能力，可達到自我超越。互為主體關係，促成這種能力的發展，展開 Husserl 所稱的「內在的超越」，這超越是指涉意向性對象，亦即意向性對象如何構成或如何不同於內在於意識經驗的知覺素材（游淙祺，2000），如案例一、二所呈現，對病人或病人與自己的關係，產生不同於原有內在意識經驗的理解。但是，要達到胡塞爾所稱的「較高階的超越」，其指涉客觀世界，重點在客觀世界的客觀性該如何說明，就需要第三者的立場。如案例三，護士理解到病人的指責，實際上顯示出人的有限性與客觀環境互動的關係；第三者是有助於跳脫自身困境，理解客觀的現象，能夠促成但是未必一定達到較高階的超越，如案例一自認受騙的學生，經由擔任第三者的老師，協助她產生內在的超越，未必能更深刻的促成她對世界看法的變化（深層自我與外界的關係）。

雖然第三者促成由反思至超越之途，但是必須在某些情境下才可能發生。案例一的第三者是具有能夠傾聽、對學生問話保持好奇、試圖理解學生立場的態度，案例二的第三者是能夠提出適當問題，引發當事人比較整理自己的現在與過去經驗；這兩個案例都是藉著外力的引導，進行反思與超越

的工夫。案例三的第三者則是當事人自身,在情境發生的當時,注意到自身的不舒服,檢查這種感受的起源,即刻釐清做修正;同時,在情境發生之後,當事人經由對事件的書寫、心情的記錄等方式從事內在對話,尤其是後者處於不在現場,沒有時空的限制,在開放的時間流,能夠自由解放的讓意識奔馳,才有更大的空間產生較高階的超越。因此能夠發生作用的第三者,是在互為主體的經驗中,開放出更寬廣的空間、更流動的時間。第三者就創造出豐富的學習情境,促進主體經由反思以至自我轉化或超越(蔣欣欣、馬桐齡,1994)。

六、結論

經由互為主體的立場,產生反思的知覺素材;藉著第三者的出現,開拓反思的內容,豐富生命的內涵。早年母嬰互為主體關係的發展,經由與父親(第三者)的立場,母親可以得到安慰、支持、修正,繼續發展與嬰兒的關係,學習身為母親的角色。嬰兒因與自己不同的父母親得到安全,進一步試探自己與他人、世界的關係。這種相互投入的我們關係也存在於護病關係,只是,在非命定的護病關係中,第三者的立場,更是促成照顧活動中重要的影響因素。第三者提供一個建立互為主體之有形或無形的過渡空間,讓病人在其中

自在觀照，同時發展自身；此外，護士也由自責、責人、不自在之中反省體悟轉化。如果，主體間的相互投入關係，提供出照顧角色的活水源頭。那麼，第三者的立場，可能促成護病主體的發展更活絡而生生長流。

參考文獻

中文部分

余玉眉、蔣欣欣、陳月枝、蘇燦煮、劉玉秀（1999a）。質性研究資料的量化及詮釋——從研究例證探討臨床護理研究方法與認識學。第一部分：質性臨床護理研究之方法學及認識學的探討。**護理研究**，**7**（3），276-288。

余玉眉、蔣欣欣、陳月枝、蘇燦煮、劉玉秀（1999b）。質性研究資料的量化及詮釋——從研究例證探討臨床護理研究方法與認識學。第二部分：研究例證之分析與詮釋。**護理研究**，**7**（4），376-392。

宋文里譯，Ellenberger, H. F.著（1988）。精神醫學的現象學存在分析之臨床導論。**思與言**，**25**（6），539-624。

沈清松（1997）。復全之道——意義、溝通與生命實踐。**哲學與文化**，**24**（8），725-737。

汪文聖（1997）。談主體的弔詭性。**國立政治大學哲學學報**，**4**，2-18。

汪文聖（2000）。**精神病患之照顧存在性的現象學探討——理論的呼應與疏通**。第四屆人文社會科學基礎研討會：哲學與科學方法。

姚人多（2000）。論傅科的「主體與權力」。**當代，150，**
　　100-133。

夏林清譯，Menzies Isabel E. P.原著（1994）。**大團體動力——理念、結構與現象之探討**（頁68）。台北：張老師。

張芷雲（1991）。醫療過程的儀式化行為。**護理雜誌，38**
　　（4），23-28。

傅佩榮（1995）。**自我的意義**。台北：洪健全。

游淙祺（2000）。**社會性或主體性？胡塞爾與舒茲論互為主體性**。第四屆人文社會科學基礎研討會：哲學與科學方法。

蔣欣欣、馬桐齡（1994）。生命成長之展現——「護理專業問題研討」課程之迴響。**護理研究，2**（4），339-348。

蔣欣欣、盧孳艷（1996）。健康疾病的文化觀與現象分析。**護理雜誌，43**（4），42-48。

西文部分

Blumer, H. (1969). *Symbolic interactionism: Perspective and method.* Berkeley: University of California.

Caplan, G. (1961). *An approach to community mental health.* New York: Grunne & Strtton.

Cody, W. K. (1995). Intersubjectivity: Nursing's contribution to the explication of its postmodern meaning. *Nursing Science Quarterly , 8*(2), 52-54.

Embree, L. (1997). *Encyclopedia of phenomenology* (pp.123-125). Boston: Kluwer.

Heidegger, M. (1979). *Being and time.* San Francisco: Harper.

Kohut, H. (1971). *The analysis of the self.* New York: International Universities Press.

Kernberg, O. F. (2000). The nature of interpretation: Intersubjectivity and the third position. *American Journal of Psychoanalysis, 57*(4), 297-312.

Natterson, J. M., & Friedman, R. J. (1995). Intersubjectivity defined. *In Anonymous: In A primer of clinical intersubjectivity* (pp. 1-18). London: Jason Aronson.

Ogden, T. H. (1994). *Subjects of analysis.* New Jersey: Jason-Aronson.

Organe, D. M. (1994). Countertransference, empathy, and the hermeneutical circle. In R. D. Stolorow, G. E. Atwood & B. Brandchaft (Eds.), *Intersubjective perspective* (pp. 177-186). London.

Paterson, J. G., & Zderad, L. T. (1976). Humanistic nursing: A lived dialogue. In J. G. Paterson & L. T. Zderad (Eds.), *Humanistic nursing* (pp. 23-40). New York: John Wiley & Sons.

Pierson, W. (1999). Considering the nature of intersubjectivity within professional nursing. *Journal of Advanced Nursing, 30*(2), 294-302.

Watson, J. (1985). *Nursing: Human science and human care.* Norwalk, CT: Appleton- Century- Crofts.

Watson, J. (1990). Transpersonal caring: A transcendent view of person, health, and nursing. In M. E. Parker (Ed.), *Nursing theories in practice* (pp.277-288). New York: League for Nursing.

Winnicott, D. W. (1971). *Playing and reality.* London: Routledge.

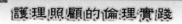

護理照顧的倫理實踐

第六章

建構照顧情境中的專業自我——
自身與他者之間

▶▶蔣欣欣、陳美碧、蔡欣玲

一、建立倫理與屬己的知識

　　良善負責護理照顧的倫理關係，是護理人員專業自我中重要的道德實踐。但是在現存的實際現場，護理人員時常沉陷於科技或例行工作之中，使得重視人性的專業價值受到挑戰。發展護病倫理關係的基礎，是要能清楚定位所處的時空（蔣欣欣、張碧芬、余玉眉，2001），在例行工作之時，隨時觀看自己與他者之間的互動，因此，護理人員需要具備清明敏銳的定位能力，區分自己與他人的經驗、價值、信念、意願。發展此照顧能力的基本條件，是要先能定位自己，深切地明白自己與所擔任的角色，這彰顯倫理的知識（ethical knowledge）以及個人屬己知識（personal knowledge）的重要性。此知識關注成為一個真誠個體的內在經驗，透過反思，整合存在於你與我之間的知覺經驗，連結既有的知識，發現存在意義的精神層面；此知識是讓自身負起治療性功能（therapeutic use of self）的重要基石（Chinn & Kramer, 1999; Fredriksson & Eriksson, 2003）。

　　由於受苦（suffering）的被動性，使得關懷性對話呈現一種非對稱關係的形式（asymmetrical），如果這種非對稱關係性不能透過互惠得到平衡，就容易出現不合倫理的現象。因此，護理人員需要認識自己以及病人如何進入關係中自我詮

釋的循環，發展能夠與病人談述其受苦經驗的責任感。此責任感的建立來自專業的自主性（autonomy）（Fredriksson & Eriksson, 2003），自主性與自信力（self-trust）有關（McLeod & Sherwin, 2002）。當相信或是感覺自己有能力做正確的判斷，就容易出現自主性，能夠擔負起照顧的責任。相信自己的能力，需要建立屬己的知識。建立個人屬己的知識時，需要問到「我是否知道自己在做什麼？我是否做出我所知的道理？」（Chinn & Kramer, 1999）。知道自己在做什麼，可以繼續追問我這麼做與他人的關係是什麼？

　　護理人員專業角色是由於護病關係中病人的存在而成立，兩者之間具有相互創造的互為主體關係（蔣欣欣、余玉眉，2001），彼此在意識與潛意識上相互作用（Natterson & Friedman, 1995）。雖然自我與異於己的他者之間，會出現排他性，但也有包容性以相互生發（mutually empowering）（Canales, 2000），其中蘊含「充滿內容且相互投入的我們關係」（Yu, 1999）。莊子提到「非彼無我，非我無所取」，「我」的存在是因著「彼」而生，我是因他而存在；同時「我」具有選擇性，我可以決定以什麼觀點看待自己，或對應生活。

　　促成治療活動的相互投入關係是動態的，屬於情境式的，隨機而發，沒有預設立場，真理的經驗由雙方對話互動中逐漸被揭露，同時，不斷挑戰當下呈現的真理經驗。這種不固守原有的，才能保持創造力，也就促成專業自我角色功

能的變化。此關係中的個體，是有各自存在的狀態，Heidegger稱為「此有」（Dasein）。護理照顧的場域中，護理人員與病人都有各自的「此有」與「存在的場所」，當發生互動關係時，彼此的「此有」構成一個由「時間歷程」與「空間位所」所交織的關係場域，也是一個提供自我超越的場域（汪文聖，2001）。在此不同時空交織的場域，可以藉由觀看你我之間第三者的內化或內在具象化，促成超越自身的可能性（Kernberg, 1997）。經過第三者檢視個人內在經驗，利於理解他人的經驗；體察外在世界，利於重構內在經驗世界（蔣欣欣，2002；蔣欣欣、張碧芬、余玉眉，2001）。透過沉浸於外在與內在世界裡的深入探索，才能深刻地發展專業人員心情與靈魂的深度。此專業自我的探索，需要每個人從個人生活中觀察自身觀看（投射）的角度，包括對生活中的事物、對其他人以及對自身（項退結，1995），過程中需要時間的延遲與空間的距離，利於第三者的進入，提供自我真誠觀照以及反省對話，探究專業自我的角色。

對於專業角色的探究，需要當事人真誠面對自己工作經驗，這種真誠的對話，不僅促成研究工作的進行，也是提供當事人由對話中創生的機會。團體分析的對話方式，是不預設討論主題，是在營造第三者出現的氛圍，產生鏡照功能。意旨個人可以從別人身上發現從未被自己注意到的，或過去一直被潛抑部分的自我，也可能由他人對自己的反應發現自己新的部分（Foulkes, 1984; Kutter, 2001; Muller, 1996; Pines,

1998）。自我的認同是透過個人內在、人際之間以及超個人之間運作而成。團體具有成就自我的兩種文化，孕生文化（culture of embeddedness）與探詢文化（culture of enquiry）。孕生的文化，使得團體成員能夠對其他成員、團體領導者或團體情境產生強烈的依附關係（attachment），發展出自主性與連結感；探詢的文化，是彼此願意去接納、凝聽他人的觀點，體察自己的真我，也關注其他成員的真我。這種功能如同需要鏡子照現自己的身體形象（physical self），我們需要他人對我們的反應建構社會自我（social self）（Pines,1996）。透過團體對話可以培養人際間的敏感度、引發內在意識的流動、牽動個人生活經驗，進而可能推己及人（蔣欣欣、陳美碧、許樹珍，2003），但是相關文獻對於其中專業自我運作的內在經驗未進行深入分析。因此，本研究採用團體對話方式蒐集資料，目的在探究照顧關係中護理人員專業自我如何跟他者互動，找出專業自我的樣態，作為定位與調整自身的參照。

二、研究方法

　　本研究採用參與觀察法，研究者即為團體互動的催化員（第一作者與第二作者），同時進行資料的蒐集，此團體互動過程內容即為研究的素材。由於研究者是中華團體心理治

療學會之團體治療合格督導員及會員，因此，研究者融合教學研究與服務的角色進入研究情境，設計病人及護士兩階段的團體，分別在精神科與腫瘤科的單位。每個團體均由研究者擔任團體催化員與協同催化員，進行十二次的團體對話；先是病人團體（五十分鐘），之後由原先擔任觀察員的護士進行團體對話（五十分鐘）。採用兩階段式團體的理由有三點：(1)是示範帶領病人團體對話的過程（教學），(2)建立護理人員團體對話的空間（服務），(3)經由觀察病人團體形成護士對話的共同素材（研究），利於探究專業自我的進展。採用不同科別病房工作的護理人員為對象，是由於研究者本身具有此兩個科別病人團體的帶領經驗；同時，經由不同工作背景護士的對話，可以增加研究資料的豐富性。

㈠研究對象

本研究以參與某醫學中心精神科與腫瘤科的單位之護士成長團體成員為對象。護理人員參與團體之背景資料分析，平均護理工作年資為 7.1 年。團體成員為 23 至 48 歲（平均 30.5 歲）之二專、三專、大學或碩士畢業女性，在該單位工作 0.2 至 10 年（平均 3.7 年）。此外，成員中大多數無宗教信仰（占 50%）。成員出席團體之情況：在腫瘤科護士團體為每次有三至八位成員參加，平均每次有四位成員參加；在精神科護士團體為每次有六至八位成員參加，平均每次有 7.4

位成員參加。而未能持續參加的主要因素乃受上班時間之影響。至於每位成員參加團體次數為一至十二次，平均每位成員參加 8.5 次之團體（見表 6-1）。

(二)資料蒐集

研究者以參與觀察方式帶領團體之進行，為增加所得資料的正確性，同時由觀察員記錄團體過程及現場錄音的方式蒐集資料。觀察或會談過程紀錄，以取得當事人同意作現場錄音於事後轉成文字紀錄，過程紀錄只能開放給參與計畫的研究者與個案。團體結束後，研究者並且撰寫田野日記，記錄研究過程中對周遭相關事物觀察與心得的紀錄，此利於分析資料的脈絡。團體互動內容紀錄，由現場錄音再轉為文字紀錄的方式。

(三)資料分析

本研究以護士團體對話為分析的主體，採用繼續比較法（constant comparative method）；資料分析時，選取其中豐富的敘述（thick description）（Denzin, 1989），再對描述做初步分析。初步內容分析時先找出每次團體討論之主題（theme），及主題間的流動過程，並對主題整理分析提出綱要性的歸納，其中精神科護士團體討論主題偏向自己、家庭、團體；

表 6-1　護士團體成員之基本特性（N = 17）

	腫瘤科團體 人數（%）	精神科團體 人數（%）	總人數 （%）	平均
年齡（歲）				30.5
21-25	4 (44.4)	0	4 (23.5)	
26-30	4 (44.4)	3 (37.5)	7 (41.2)	
31-40	0	4 (50.0)	4 (23.5)	
41-50	1 (11.1)	1 (12.5)	2 (11.8)	
教育程度				
專科	0	1 (12.5)	1 (5.9)	
二專	2 (22.2)	0	2 (11.8)	
三專	0	2 (25.0)	2 (11.8)	
大學	7 (77.8)	4 (50.0)	11 (64.7)	
碩士	0	1 (12.5)	1 (5.9)	
護理工作年資（年）				7.1
0-5	7 (77.8)	0	7 (41.2)	
6-10	1 (11.1)	4 (50.0)	5 (29.4)	
11-15	0	3 (37.5)	3 (17.6)	
16-20	0	1 (12.5)	1 (5.9)	
21-25	1 (11.1)	0	1 (5.9)	
目前所在單位年資（年）				3.7
0-2	6 (66.7)	1 (12.5)	7 (41.2)	
3-5	2 (22.2)	3 (37.5)	5 (29.4)	
6-8	0	3 (37.5)	3 (17.6)	
9-12	1 (11.1)	1 (12.5)	2 (11.8)	
宗教信仰				
佛教	3 (33.3)	0	3 (17.6)	
道教	2 (22.2)	0	2 (11.8)	
基督教	1 (11.1)	1 (12.5)	2 (11.8)	
天主教	0	1 (12.5)	1 (5.9)	
無	3 (33.3)	6 (75.0)	9 (52.9)	
每次團體人數（平均）	3~8 (4)	6~8 (7.4)		
每位成員參加次數（平均）	1~12 (5.3)	10~12 (11)		

腫瘤科護士則為自己、病人與護士、病人與家屬、病人與病人關係（見表6-2）。研究者綜合上述團體主題，繼續針對不同時間、型態的團體互動主要內容反覆閱讀，找出其中專業

表 6-2　團體主題

	精神科團體	腫瘤科團體
團體主題	相　同	
	• 參加團體的動機、感受 • 團體的隱密性 • 團體對個人的影響	
	相　異	
	關於自己 • 對生活中衝突事件的處理與情緒反應 • 身體警訊與心理意念對健康維護的影響 • 周圍環境（人）給自己的啟發 關於家庭 • 與家人相處的衝突與化解方式 關於團體 • 團體中的沉默效果 • 團體成員對團體主題之交集 • 團體中分享宗教的顧慮及影響	關於自己 • 選擇安寧療護的原因·一般人對護士的期許 • 自己人生方向 關於病人與家屬 • 生病對一個家庭的衝擊 • 護士如何化解病人與家屬間的心結 關於病人與護士 • 護士對病人死亡的感覺 • 護士能給癌症病人什麼 • 病人對護士的影響

自我有關的內容，再將相關的內容進行比較，將類似的自我狀態聚集，再將之歸為四類型，最後將此四類型分別命名。為增加分析結果的可靠度，此初步分析結果再交給研究對象與同事閱讀檢核。

三、專業自我的型態

護理人員基於所處的時間歷程與空間位所，自身對於外來的召喚與質詢有不同的對應。分析此團體對話中，可以將護理人員專業自我分為四種樣態：保存自己、以己度人、由人觀己以及超越自身。

(一)保存自己

面對困境時，受限於所處時空，以封閉或改變對於內在或外在世界的接軌。有時，不自覺地專注於例行的照顧技術，封閉自己；有時，更換工作環境，以保存自身。一位第一年工作的護士這樣描述，「在腫瘤科很多病人每天都在打藥，接受化學治療，很難有空跟病人說話。因為很忙事情多，很多東西要做。剛來一個多月每天都延誤下班時間。後來病人說什麼，只有生理上的抱怨會記下來，但是心理上的問題就沒做，時間又不夠用，我就封閉自己，不會去表達，

因為事情都做不完，時間久了，就會逃避。」

　　處於此種時空狀態，人失去真誠存在為人的立場，而是被視為物的存在。使得護理人員每天三個班別之間的工作交班時，進行交班的重點大部分都是關於病人的身體症狀，很少交代病人生活上、情緒上的需求。

　　另一位曾經於手術室工作的護士，無法承受其過於重視技術操作的工作環境。因此決定調離該單位，她比較不同工作環境，「我覺得手術室很封閉，因為悶在那邊一整天，我還是想要講話。我覺得在普通病房，比較有機會跟病人講話，可以放鬆，自己也有機會練習與人溝通。」

　　上述兩例指出工作的情境造成自我封閉，由此引發的不安有不同的出口，其一是沉淪於被拋擲的世界，每天僅能應付著例行公事。另一是投身後的不安成為尋覓出口的動力，建立外在環境與內在的通路，兩者以不同的方式保存自身。護理人員專業自我的發展歷程，時常面臨無法恰當發展良善照顧的道德壓力，內在的自責最初常以不同的自我保護方式呈現，包括離開護理工作、責怪護理行政措施或是醫院體制以及避免與病人間的互動（Kelly, 1998），這些由外在制度或內在自我期許造成的受苦或自我疏離，卻也埋下專業自我發展的種子。

(二)以己度人

　　護理人員在自身所處的時空位所，定位被照顧對象。亦即面對困惑的照顧情境，以己身的經驗、信念、價值、意願，評斷他（病）人的活動。這是人際之間常用於理解他人的一種方式，若停留於照顧者自身的立場而不思考對方的處境，容易形成一種自我中心的照顧。

　　某護士提到在照顧一位呼吸困難的臨終病人時，如何以自己信念、價值評估病人的處境，而產生照顧方式的抉擇，「他就一直看著我，我不太記得他講的話，只要我去那邊他就告訴我，他覺得吸不太起來，快斷氣，用氧氣也沒有改善，一直覺得吸不到氣，他（很痛苦）卻又是意識清醒，所以會想把他打昏，因為家屬也很難過一直在旁邊哭，如果（意識）不清楚還好處理。」這位年輕護士雖然對臨終病人照顧經驗有限，但察覺到病人的呼吸情形及家人態度徒增病人的不安，即以自身的立場評估，認為讓病人昏去可能是較好的照顧。如果自身的視域不同或擴大時，其評估的範圍與處置內容可能有所不同。

　　另次團體談及觀察精神科病人在團體治療的行為，某躁鬱症的病人出現當場尿濕褲子的行為，當大家討論該行為的不恰當時，一位具有多年照顧精神病人經驗的護士提到，「這是因為他症狀的關係，因為他忙著聽別人講，……然後他太

忙了，以至於像我們其他病人都會忘了吃飯、忘了喝水，他是忘了去尿尿。」

上述兩例中，對病人處境的評估，涉及自我身經驗與視域的開展。相互交織的互為主體立場，能夠引發專業人員內在省察力，增進對病人的同感能力（Segalla, 1996）。

㈢由人觀己

對方的處境，觸動自身內在的經驗，引發護理人員觀看內在自我。反思個體與自己、個體與他人間的關係，包括觀照與經驗再現。

1.觀照

由病人的行為引發護士反思自己的信念、價值。

那位忽略身體內在尿意的躁症病人，引起護士回憶一位罹患泌尿道感染的同事，進而反觀自己，「他因為工作很忙常憋尿，就得了泌尿道感染。我們好像也常常忍住自己的需求，然後多給別人一點。」此言語促發團體討論給予或是照顧的意義，另位護士提到，「我們會自以為是的給別人很多東西，或是 care 別人，忽略掉自己身體一些反應，像病人忘了去吃飯、忘記去上廁所，我們應該要去想想自己怎麼了。」

除了對他人身體經驗的關注，引發內在經驗的觀照之外，也經由評斷他人的團體對話中引發自省。一位護士提到

團體治療活動中，想要干預滔滔不絕的病人，「我坐在這裡（觀察員的位置），很想去踢踢他的椅子提醒他。」經過一陣討論此不當行為之後，護士提出另一種觀點，「每個在團體當中的人，都有他想要表達的東西，沒有所謂的對或錯，但是他們就是把自己投入這個團體當中，也不會在乎外面有誰在看他，當時是暢所欲言的，沒有阻礙的。其實有時候我自己好像都會這樣子」。由原初「以己度人」出現的評斷，轉而「觀己」，甚至發現病人不當行為的價值：「讓大家注意力轉移到他身上，然後有相同症狀的人，就這樣開始分享自己的症狀，促成團體互動。」修正對他人與自身的原初理解。

2. 經驗再現

病人的處境引發護士個人生活經驗的重現。

一位在安寧病房工作的護士，在團體中提到照顧一位臨終老太太的經驗。當時，她很擔心因為休假而失去為老太太送終的機會，護士對自己的擔心也感到好奇，「為什麼我會期待幫她做這些事？」後來想到，這個病人與奶奶年齡相仿，使她想起奶奶過世時，年幼自己的慌亂與無助；照顧這個病人，「當時是有點過度難過了，突然覺得很疑惑的一點是，她剛好留到我上班（過世）或許是個緣份，她的遺容我也都有全部看到，覺得她很平靜，後來到我幫她擦身體、氧氣拿掉的時候，那時候我的心情比較平靜，因為我覺得她算是解

脫了。」這個病人勾起護士觀照與重整自己年幼的無助與無力感，透過此觀照與照顧行動，自身體驗到另一種面對死亡的平安與解脫。

㈣超越自身

　　以開放的態度，認識他人與自身兩方面的處境，突破原有的觀點找到他人存在的位所。護士面對照顧病人的困頓，提出個人的疑惑，透過團體對話明白病人的處境，成為以個案為中心的照顧者。

　　工作於癌症病房的一位護理人員在團體討論時提出她照顧一位末期癌患的挫折經驗，「其實我覺得那是一種掙扎，家屬的心情應該是兩邊，當他脆弱的時候，就想說算了放棄好了，不要讓他那麼痛苦，可是又不捨，又會游移回來，會隨著不同時間不同情境的時候心境不一樣。」

　　另一位護士則提出照顧此病人的經驗，「後來，從他兒子那邊知道他心裡什麼都講開了，都交代了，有一些事情之前都沒交代，像一些什麼房地產啊，都交代好了，就覺得他心中應該比較沒有牽掛了。」透過相互提供訊息的對話，彼此呈現臨終病人與親人間的不捨與放下，這種團體對話中出現互為主體的情感調和（attunement），讓護理人員能超越原有的想法感受，但是，有時訊息交換不能解決照顧的困境，需要透過深入的對話。

　　有位護士談到某個在病室外走廊上哭泣的母親，多年來，她一直陪伴照顧二十多歲、罹患嚴重型再生性不良性貧血、無法下床活動的兒子。母親的傷心，是因為病人怪罪母親把他生下來，卻又好像不甘願照顧他。護士初期採以己度人的態度，「病人好像比較自私，不會考慮別人，媽媽是整天陪伴他的。」

　　護士看到母親傷心的面孔，心中升起想要幫助她的念頭，接著提到「我實在不知道該怎麼去輔導他（病人）……社工人員有沒有辦法……？」但是，由團體對話中開始考慮到社工師的處境「跟病人關係不夠的話……很難切入這個情況。」因此，開始探究自己該如何介入，團體成員提到「其實，母子兩個人都在受煎熬。」「他們兩個人應該都有一些想法，可是他們沒有互相對講。」

　　此時，護士開始不再責備病人的不孝，而注意到病人的感受，「也許之後他也很後悔，為什麼對他媽媽講這些話！」因此想到提醒病人關心媽媽，計畫對病人說：「唉！我那天看媽媽很傷心喔！」

　　團體成員繼續探詢「他不知道媽媽傷心……？」「他的那種憤怒啊！其實到底是怎麼來的？」「他對媽媽發出的那種憤怒，真的是針對媽媽？或是對自己困境的一種抗爭？」經過一陣探究，護士跳脫以自身價值觀評論病人的困境，而能注意到母子雙方面的需求，同感病人的處境，並且找到促進彼此諒解溝通的照顧方向。

四、影響專業自我形成的因素

本研究分析自我與他者間相互滲透的關係，找出四種專業自我的存在形式：保存自己、以己度人、由人觀己、超越自身（圖6-1）。這四種形式顯現護理人員存有的「被拋性」、「投身或沉淪」以及「籌劃」（汪文聖，2001），保存自己是過去的我在自己不能掌控之下，被拋擲於情境之中；以己度人或由人觀己是現在的我投身或沉淪於物和人的交流之中，意識到人我的處境；超越自身是未來的我憂懼自己的處境而產生一些抉擇與籌劃，發展本真屬己的立場。這樣建構的專業自我，主要出自於護病之間的動態關係，然而探討專業倫理的照顧關係中，不能忽略制度對此關係之中專業自我的影響（Bowden, 2000）。此外，自我成長與他者互動的經驗中，也可能影響對專業自身與他者關係的感知。因此，以下將分別由科技制度、生活歷史及面對召喚三方面進行論述，說明可能影響專業自我立場的相關因素。

(一)科技制度

科技發展改變醫護專業服務內容，但是這些科技內容的進步，是否帶來更好的生活品質，是專業人員需要注意的議

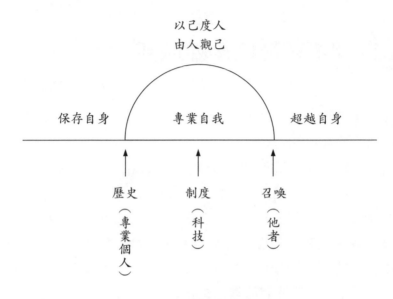

圖 6-1　專業自我型態

題。對科技的觀點，不僅需要由工程技術層面改進，也要注意技術人性化的提升（Barnard, 2002）。科技是無法消除的侵入我們的生活，我們無法遁形地生活其中，然而Heidegger對科技的觀點：「只由技術角度看待事物，容易否認事物的其他面貌……」（滕守堯，1996）。如果持續維持在此種注意技術層次，不僅病人不見了，照顧者的角色功能也消逝（蔣欣欣、余玉眉，2001）。技術可能不僅限定事物的呈現，也限定照顧者的視域。當照顧者被困於技術的視野，世界的豐富性被遮蔽，人的豐富性也被剝奪。因此，照顧者的自我封

閉，可能會使自己在無意識中，變為造成他人不幸的加害者
（蔣欣欣，2001）。

　　醫療場域中重視科技的物化現象，容易把病人化約成某
個治療的器官，或是某項治療技術活動的對象。有時候，這
樣化約的保存自身是為有效完成治療，例如，在手術室中工
作的醫護人員，將病人化約成需要治療的器官，才容易不帶
個人情緒的穩定完成手術的過程。雖然，技術是照顧治療活
動的主要工具，但是，需要注意到技術本身只是方法不是目
的。

　　面對當前科技導向的社會，技術似乎超越人的價值。過
於重視技術執行，無形中限定對人自身深藏奧秘的探求。這
種情形如同Heidegger所指出的一種對他人的照顧，是為了自
己的立場，不是幫助對方真誠面對自己內心所繫；亦即照顧
者可能宰制被照顧者，使後者失去對自身牽掛之責，沒有牽
掛，也就無法產生憂懼、不舒服，更難經由決斷、籌劃邁往
存在自我超越之途（汪文聖，2001；Heidegger, 1962）。因此
執行專業照顧時，需要反省自身是否宰制受照顧者的生活。
照顧活動是僅在保存自身，或是存有個人的執著，掉入自己
的陷阱，如同封閉自己的護士，產生一種習慣性的防衛（de-
fensive routine），無法審視自我的心智模式，因而養成「熟
練的無能」（Senge, 2001）。若是能夠關注自己無能之苦，
出現返身內省，利於第三者的進入，調整我與自身及他人的
關係。反省科技對照顧的影響，是對自己角色負起責任，如

此才有機會超越科技的限制。

(二)生活歷史

　　時間以及與時推移的生命感，深切地影響專業自我的形成。由於人具歷史性的存在，人常把其過去生命歷史中，經驗了解的東西，移至現在（唐君毅，1984）。人也是隨著時間展開自己的生命，最初站在自己的立場，依過去的經驗，保存自身或以己度人。若局限於此，則不僅失去開放自身眼光的機會，也易扭曲他人的經驗，限制其發展的可能性。此時，注意到自身的有限性，由人觀己，調整自身，形成超越的態度，才容易進入他人或對象的空間。這種內在實質行動，是透過身體性及與之直接相關的生命感覺，探究一種自身「可觸及之世界」、「可再觸及之世界」、「可能觸及之世界」（游淙祺，1999）。心理學家 Rogers 指出真正的自我是在自身體驗中找到的，而不必以外物強加於其上。此時，人需要對自己的體驗開放，開放地知覺自身的感覺與態度之後，也會敏覺於周遭的事物，而不再以自己過去的看法或他人的觀點看待事物（Rogers, 1990）。研究結果中指出，透過對他人身體經驗的體察，注意到自己曾有的體驗，透過身體的體驗接觸世界，如此透過經驗去了解經驗，建構另一個可能的世界，走向我們共有的世界。形成對於「我」的整理功夫，對於「你」的尊重理解，對於「他」的開放性。

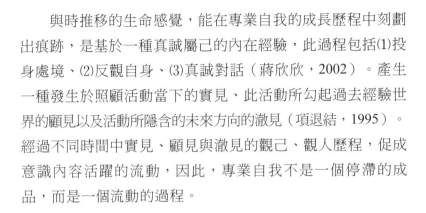

與時推移的生命感覺，能在專業自我的成長歷程中刻劃出痕跡，是基於一種真誠屬己的內在經驗，此過程包括(1)投身處境、(2)反觀自身、(3)真誠對話（蔣欣欣，2002）。產生一種發生於照顧活動當下的實見、此活動所勾起過去經驗世界的顧見以及活動所隱含的未來方向的澈見（項退結，1995）。經過不同時間中實見、顧見與澈見的觀己、觀人歷程，促成意識內容活躍的流動，因此，專業自我不是一個停滯的成品，而是一個流動的過程。

(三)面對召喚

召喚是存在於人際間，引發照顧行動的重要源頭。中國文化「惻隱之心，人皆有之」的說法，西方學者提到，每當看見他人的臉孔，就被這臉孔呼喚與質詢，引發對他人的無盡責任（劉國英，2002；Levinas, 1998）。當護理人員面對召喚時，實際上涵蓋著生活經驗中的自己，專業技能塑造的立場，以及現場互動時的處境於一身（蔣欣欣、張碧芬、余玉眉，2001）。以己度人，顯示面對他人時個人內在被喚醒或召喚。由人觀己，是對他者的閱讀中看到隱約的自己。這樣一個複雜的角色運作，基本上是需要一個清明的自我，能夠看見我的觀點、清楚對你的責任、同時注意到現場當下我與你之間的關係與互動。案例中，病人母親的軟弱，喚醒護士對這位母親的責任。投身於照顧情境，卻苦於不知如何化解

母親的負擔。透過團體對話，引發的不同觀點，探究事物的真相。藉著對自己與他人不斷地提問，事物的奧祕就逐漸向我們敞開。

召喚存在於自身與他者之間，如何引發專業自我的轉化？他人的苦難召喚出「由人觀己」、「以己度人」的理解，在澄明自身之後，超越原有觀看的眼光，產生一種當下的自由與解放，才能超越自身進入真正了解他人。即是用內在知覺捕捉世間共有的情感，把他人心中的經歷複製出來。因此，「觀照」或「看」不是用「肉眼」去看，而是用「思想」去看，或是用「精神的眼睛」去看（黃文宏，2002）。是一種先把別人納入自己，自我產生變形，經過這個暫時性的內射，然後把這變形後的自我再向外投射，這是對他人心靈考察的必要條件（孟祥森譯，Reik 著，1980）。因此，召喚是透過身體的經驗，加以描述，再進行理解，引發同感的態度，進而深化專業自我。

專業自我經過一個由原初未檢視的接受，進入明瞭、連結、綜合，並產生行為的歷程，過程中需要了解自身或專業中受到的壓制（oppression），加以處理（catalyzed），促進真誠本性的發展（Robert, 2000）。要處理受到的壓制是先認清存在的束縛，才能清明地立身於照顧情境，順應著與病人互動的處境，適切地展現自身，才可能發展人本的照顧方式。但是，如何解除專業或自身中的束縛？這需要一個自身與他者的第三者或是過渡客體（transitional object），以進行

真誠對話，處理我與非我、真實與虛幻的緊張關係（蔣欣欣、余玉眉，2001；Ogden, 1994）。小團體互動呈現事物的不同面貌，是提供第三者或是過渡客體的情境，幫助參與者自由自在的觀照；其中的語言愈自發性，愈有益於當事人處境的康復，也就是能調整自我與他者的關係（沈清松，1997）；同時，團體對話是一種離開現場的、具有時間的延遲與空間的距離，照顧者在述說個人照顧經驗時，是將自己的經歷客觀化，由主位參與者退為站在客位的觀察者，此時利於第三者的進入，達成自我的展現與表達（劉國英，2002）。促成反思與同感性對話，由我自身，進入他者，同時又反觀自身，產生一種對他人的感通（蔣欣欣、余玉眉，2001），使得我的經驗與他人的經驗在聚精會神之中往復迴流。此時的自我表達是一種有感覺的情境（felt-response），一種有感而發的，不能以強迫的方式進行，只能透過指引與邀約。同時是與利害無涉，物我兩忘，超離利害計較的一種無限自由（林逢祺，2000；Garden, 1995）。這種超越性的立場，脫離一種自我與他者互惠的存在，而融為人我合一的存在（oneness）（Osterman & Schwartz-Barcott, 1996）。這種忘我，卻又隨時觀察互動現場我的處境，也許能促進自我超越，產生一種本真的（Heidegger, 1962）、人本（person-center）的照顧。

五、結論

　　當護理人員無法逃避地面對他人的苦難，自己內在不免也感受到痛苦、疏離、不滿等情緒，容易出現習慣性防衛或熟練性無能，挑戰著外在專業行為規範與內在自我期許。因此，需要時常調整自己，除了對生命外在事物做更多更深的反思，也需要有清明的第三隻眼睛，用心認真地審視自己。專業角色的展現是透過雙方互為主體的動態關係而發展，護理人員透過她的動作、姿態、語言將意念擴散出去，同時，及時排除自我，把目光投向當下互動的對象，又能從旁觀注自身所處專業角色的狀態，是一個不斷生發的過程，不是一個靜態定著的成品。在實踐當下，能及時排除自己，抽身靜觀，保障自己身心不受到傷害，是需要來自專業實踐而建構出的屬己知識。本研究即是在找出專業自我的屬己知識，根據實際護士團體對話內容分析，找出四種專業自我與他者互動的型態，依其自我的開放程度，分別為保存自身、以己度人、由人觀己、超越自身。此專業自我的探究，偏向於他人與自身之間的關係，但是實際上兩者存在於社會歷史脈絡之中，因此，繼續討論科技、歷史經驗、召喚對專業自我的影響。作為一個在現場的護理人員，時常有意識或未意識地游走於不同的專業自我狀態，困頓中的封閉或轉換以保存自

己，是在歷史的經驗中，累積創造的泉源。正視自身在現場的身體經驗，無論是度人或是觀己都為超越自身的基礎，由行動中明白自己存在的狀態，清楚的定位自身，得以發展良善負責照顧。然而，這些不同存在形式的專業自我，如何營造不同的照顧型態？如何藉由與他者互動時，建立本真屬己的倫理關係，構成人我合一的超越立場，是專業自我發展上值得繼續探討的議題。

誌謝

　　本研究感謝參與對話的臨床護士提供照顧的經驗，二位匿名審稿者提供寶貴的評論意見，促使本文呈現的脈絡更為清晰，以及國科會（NSC89-2314-B-010-459），和榮清陽研究團隊的經費補助（VTY-89-P5-48）。

參考文獻

中文部分

宋文里譯，Rogers, C. R.著（1990）。**成為一個人：一個治療者對心理治療的觀點**。台北：桂冠。

沈清松（1997）。復全之道——意義、溝通與生命實踐。**哲學與文化**，**24**，725-737。

汪文聖（2001）。精神病患之照顧存在性的現象學探討——理論的呼應與疏通。**國立政治大學哲學學報**，**7**，269-306。

汪文聖（2001）。醫護倫理之存有論基礎初探：從海德格走向優納斯。**哲學雜誌**，**37**，4-35。

孟祥森譯，Theodor Reik 著（1980）。**內在之聲**。台北：水牛。

林逢祺（2000）。美感與道德教育：論道德教育的審美判斷。**教育資料集刊**，**25**，127-138。

唐君毅（1984）。**人生之體驗續編**。台北：學生。

郭進隆譯，Senge, P. M.著（2001）。**第五項修練——學習型組織的藝術與實務**。台北：天下。

游淙祺（1999）。論舒茲的實質行動概念。**台灣哲學研究**，

2，281-299。

項退結（1995）。孟子與亞里斯多德對人的定義——從海格爾對西方邏輯思考的批判說起。哲學雜誌，**12**，36-57。

黃文宏（2002）。**現象學的觀念**。第三屆「倫理思想與道德關懷」學術研討會。台北淡江大學，5 月，淡江大學。

劉國英（2002）。**從德里達到來維納斯——他者的哲學與解構論說的倫理意含**。台北：淡江大學。

滕守堯（1996）。**海德格**。台北：生智。

蔣欣欣（2001）。由性加害者的照顧反思護理倫理議題。**護理雜誌**，**48**，33-36。

蔣欣欣（2002）。由護理實踐建構倫理進路。**護理雜誌**，**49**，20-24。

蔣欣欣、余玉眉（2001）。護病間的互為主體性。**國立政治大學哲學學報**，**49**，20-24。

蔣欣欣、張碧芬、余玉眉（2001）。從護理人員角色的創造探討護理倫理的實踐。**哲學雜誌**，**37**，88-103。

蔣欣欣、陳美碧、許樹珍（2003）。小組教學團體的對話與關懷。**應用心理學研究**，**18**，207-225。

西文部分

Barnard, A. (2002). Philosophy of technology and nursing. *Nursing Philosophy, 3,* 15-26.

Bowden, P. (2000). An "ethic of care" in clinical settings: Encompassing "feminine" and "feminist" perspectives. *Nursing Philosophy, 1,* 36-49.

Canales, M. K. (2000). Othering: Toward an understanding of difference. *Advances in Nursing Science, 22* (4), 16-31.

Chinn, P. L., & Kramer, M. K. (1999). *Theory and nursing: Integrated knowledge development.* Missouri: Mosby.

Denzin, N. K. (1989). *Interpretive interactionism.* London: Sage Reprints.

Foulkes, S. H. (1984). *Therapeuic group analysis.* London: Maresfield Reprints.

Fredriksson, L., & Eriksson, K. (2003). The ethics of the caring. *Nursing Ethics, 10* (2), 138-148.

Garden, S. (1995). Aesthetics. In A. C. Grayling (Ed.), *Philosophy: A guide through the subject.* Oxford: Oxford University.

Heidegger, M. (1962). *Being and time.* San Francisco: Haper.

Kelly, B. (1998). Preserving moral integrity: A follow-up study with new graduate nurses. *Journal of Advanced Nursing, 28,* 1134-1145.

Kernberg, O. F. (1997). The nature of interpretation: Intersubjectivity and the third position. *American Journal of psychoanalysis, 57,* 293-312.

Kutter, P. (2001). Direct and indirect mirror phenomena in group supervision. *Group Analysis, 26,* 177-181.

Levinas, E. (1998). *Entre nous: On thinking-of-the-other*. New York: Columbia University.

McLeod, C., & Sherwin, S. (2002). Relational autonomy, self-trust, and health care for patients who are oppressed. In C. Mackenzie & N. Stoljar (Eds.), *Relational Autonomy*. New York: Oxford University.

Muller, J. P. (1996). The ego and mirroring in the dyad. In J. P. Muller (Ed.), *Beyond the psychoanalytic dyad*. New York: Routledge.

Natterson, J. M., & Friedman, R. J. (1995). *A primer of clinical intersubjectivity*. New Jersey: Jason Aronson INC.

Ogden, T. H. (1994). Winnicott's intersubjective subject. In T. H. Ogden (Ed.), *Subjects of Analysis*. London: Jason Aronson.

Osterman, P., & Schwartz-Barcott, D. (1996). Presence: Four ways of being there. *Nursing Forum, 31,* 23-30.

Pines, M. (1996). Self as group: Group as self. *Group Analysis, 29,* 183-190.

Pines, M. (1998). Mirroring and child development: Psychodynamic and psychological interpretations. In M. Pines (Ed.), *Circular reflections: Selected papers on group analysis and psychoanalysis*. London: Jessica Kingsley.

Robert, S. J. (2000). Development of a positive professional identity: Liberating oneself from the oppressor within. *Advanced in*

Nursing Science, 22, 71-82.

Segalla, R. A. (1996). The unbearable embeddendness of being: Self psychology, intersubjectivity and large group experiences. *Group, 51,* 257-271.

Yu, Chung-Chi (1999). Schutz on Lifeworld and Cultural Difference. *Schutzian social science,* 159-172.

Yu, C. C. (1999). Schutz on lifeworld and cultural difference. In L. Embree (Ed.), *Schutzian social science.* Netherland: Kluwer Academic.

第三篇

倫理議題

議題 一

照顧性加害者的倫理
議題

▶▶蔣欣欣

「作家不是預言家，要緊的是活在當下，解除騙局，
丟到妄想，看清此時此刻，同時也審視自我。自我
也一片混沌，在質疑這世界與他人的同時，不妨也
回顧自己。災難和壓迫固然通常來自身外，而人自
己的怯懦與慌亂也會加深痛苦，並給他人造成不
幸。」

——高行健《靈山》

　　護理實務中，時常面對與性相關的照顧議題，包括病人
本身的性別認同問題，受強暴的婦女、幼童，病人之間的不
適當性行為，或護士對病人身體的接觸，病人對護士的挑逗
行為（seductive behavior），此外，還有工作中面臨的性騷
擾。近年來，也注意到照顧性加害者的問題（sexually violent
predator）。我們對這些照顧議題，時常習慣以醫療觀點切
入，但是護理人員身為一位社會人，在執行照顧的專業角色
時，無法避免會涉及倫理道德的展現。關於性加害者的治
療，是需要團隊的參與，除了醫護心理社工等專業人員外，
尚包括典獄長的參與，教誨師的協助，以及社區治療等，讓
一個性加害者能擺脫犯罪行為的惡性循環。這個複雜的照顧
議題，需要面對許多的護理倫理困境。

　　「倫理」這個字的本來涵義是「居留」、「住所」，即
指人居住於其中的敞開的場所，這個場所讓人成為他之所

「是」，同時，成為「在場的」。倫理的本質是人如何與存在者相處、保持、留住存在者，讓之存在的行為、態度（毛怡紅，1995）。護理倫理是探討護理專業上關乎倫理或道德價值之行為準則，其中的意含包括表述、描述與知識形成（蕭宏恩，1999；李本富、丁蕙孫、李傳俊，1998）。討論照顧性加害者的倫理議題時，有多面向的考慮，本文重在表述照顧的存在部分，不在描述倫理規則，或形成知識體系，因此較顧及在情境中彼此如何相處。為協助護理人員理解照顧的困境，將以電影素材及實地個案資料，就照顧性加害者的存在困境與超越，護理照顧的存在困境與超越，以及專業自我超越的意義進行探究。

一、照顧性加害者的存在困境與超越

對於此問題的探究，將以電影「越過死亡線」（Dead man walking）為背景。此影片描述一位穿著便服的修女至監獄中，協助已宣判死刑之強暴殺人犯面對生命與死亡的過程。這個過程中，修女作為一個照顧者，面對許多的困境，包括監犯輔導神父對她照顧動機的懷疑，性加害者的挑逗、不認罪，拜訪性受害者家庭所面臨的敵意，自己親人的質疑，服務社區民眾的排拒等。其中涉及，「這麼壞的人，妳為什麼要去照顧？」「妳有這些力氣，為什麼不多輔導一些不識字

的小孩？何必浪費在這個不知反省又沒有希望的人身上。」

　　這部影片闡述著性加害的照顧經驗中，施害者、受害者、輔導者的心境。如何由無力、憤怒、恨，走向愛與原諒。能夠這樣走過，根源是「愛」，也就是一種支持系統，修女作為一個強暴殺人犯的照顧者，讓加害者逐漸感受到自己有人陪伴、關心，也慢慢體會自己生命存在與別人生命存在的關係；修女在照顧過程中，面對許多倫理抉擇，基於尊重每個生命的價值，同時，受到來自信仰與同事的協助，能夠超越個人的限制，完成對強暴殺人犯的照顧。愛的能力，讓彼此存在且超越自身。

二、護理照顧的存在困境與超越

　　當護士在面臨與性相關的照顧情境時，自己的價值觀也面臨考驗。性加害者是破壞社會規範的人，被認為是個必須接受處罰的罪人。當這種存有道德意含的價值判斷進入醫療體制時，照顧性加害者時，必然觸及如同影片中這位修女的困境：「應該照顧壞人嗎？」對於好壞的決定，牽涉到個人的理性價值判斷；對於照顧的部分，牽涉到個人身體經驗情緒的投入。

　　在理性價值判斷方面，到底誰是「壞人」？「壞」的是「行為」，還是「人」？是誰在定義「壞」？自己是如何判

定「壞人」或是「壞行為」？自己是如何對應「壞行為」？
「行為約定（治療）」是面對壞行為的法寶？自己對生命的
看法是什麼？只要是生命就是尊貴，或是好人的生命才值得
尊重？上述提問，讓我們從中思考自己的價值觀對照顧行為
的影響。

　　Corley 與 Raines 指出護理人員面臨倫理困境出現的道德
壓力（moral distress）呈現不同的反應方式，包括改變規則、
創造意義、否認、離職（Corley & Raines, 1993）。此外，研
究指出，護理人員長期在工作中面臨的道德壓力，除了影響
其身心健康之外，也是造成護理人員崩耗或離職的原因（For-
chuk, 1991; Fowler, 1989; Jameton, 1993）。

　　在個人身體經驗情緒層面，如同病房中出現性挑逗的病
人，自己依著什麼判準斷定她（他）的行為？特別是自身成
為性挑逗的對象時，自己的情緒是什麼？親身涉入的身體與
情緒的關係是什麼？自己如何對待這種情緒？

　　一位年輕護士提到自己在面對所照顧的病人要求：想要
親她，想要有肢體碰觸，如握手，想作她男友，甚至告訴
她，自己與過去女友的做愛經驗。事後，護士述及自己當時
的情緒是，「整個事件中，自己的情緒是 50%恐懼，30%的
抗拒，20%的羞怯。恐懼是因為害怕個案突如其來的動作及
不可預知的想法；抗拒是因為曾經有過不愉快的經驗；羞怯
是由於不習慣直接將性話題公開討論，尤其面對異性病人。」

　　護理專業的辛苦，並不只在於身體的勞碌，深層的是照

顧情境中，面臨無法逃避的內心掙扎。因為這種受苦經驗，使得生命的感覺更真實，提供出超越的機會。同時，處於療護專業的文化之中，基於專業知識的訓練，難免落入某種知識體系中，形成一些妄想，誤以為病人是依據自己的期望而生存。無形中，讓自己習於成為一個預言家，這個預言家，常在自己的知識價值體系下，進行所謂的照顧工作，如此必然存在預言失敗的時候，專業也可能提供出解決內心煎熬的出路。只是在使用這些專業知能時，必須小心謹慎地審視自我，注意到自己的怯懦與慌亂。否則，照顧者的角色會在自己無意識中，變為造成他人不幸的加害者。

上述年輕的護士提到，在與病人對談後，耳邊常存其隻字片語，久久揮之不去，有一陣子惡夢都與此病人有關，才驚覺自己受傷，本想找人談，卻怎樣也說不出口。她雖然了解病人行為深蘊著對護士的信任，滿足自己專業角色的實踐，但是病人言談內容，卻讓自己內心的小女孩受到驚嚇。後來，協助她跳脫這個困境的，也是這位個案本身，因為後來個案說了一句讓她感動的話，「小姐，不知那天我對妳說那些，妳會不會介意，真不好意思。」最後，她反省到「若過程中，我沒有卸去自己的防備，一昧認為個案是惡意性騷擾，而拒絕與他深入溝通，我就不會有機會真正發現個案的問題、發現自己的想法。」

「發現自己的想法」是這個年輕護士對自己照顧經驗的超越，這個對自我的認識是透過「他」找到這個「我」。她

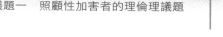

由面對自己照顧病人的困境中，真誠的、靜下來，面對內在的聲音，創造出反省的機會，才有超越自我的可能。

三、專業自我超越的意義

　　上例中，另一個身為局外人的年輕護士，知道同事過程中的情緒，就反應到「作個護士，向來要耐心聽病患的感受。但我也是人，也有情緒，難道不能拒絕嗎？」作為一個普通的社會人，確實擁有拒絕的權力；但作為一個護士，專業上的角色，即使是能夠拒絕，卻難以逃避。面對這無法逃避的困境，是要委屈的承受？勇敢的抗爭？還是有超越的可能？專業我的超越，對個人生命世界的我有何意義？

　　專業職責的完成，滿足自我實現的需求。但是，人的最高層次需要僅是自我實現？如同上述護士所述說的，「自己在專業的角色上是得到滿足。」然而，實際上，另一面是「內心的小女孩卻受到驚嚇。」仍生活在困頓之中。心理學者 Maslow 晚年注意到人的靈性需求，提到人需求的最高層次不只是自我實現，而是超越（transcendence），真正面對高尚的層面，向上追求、生活意義。後來，依此發展的超個人心理學的學者，顧及人的崇高層面與理想抱負，認為經由心靈的抱負把自己拉上，誘導上升，走出小我關心別人。任何處境都能有意義，看你用什麼方式解讀（李安德，2000）。經

由高層次自我的提升，能安頓內在受傷的意識層次的自我。專業的我（professional self）與個人生命世界的我，因此，不必相互衝突，而是相互激勵。

　　關於護理實踐中，主要的倫理概念有下列四項：代言（advocate）、履行責任（accountability/responsibility）、合作（cooperation）、關懷（caring）（Fry, 1994）。護理學又是重視照顧的科學，必然無法漠視受照顧者的立場，甚至要幫助人活出自己、自在的做決定，其中必然觸及人與人之間存在的倫理議題。當面臨困境需要抉擇時，首先要識別個人存在的影響因素，包括確認情緒反應、探究個人偏見、審查文化的價值觀、開放人際間的溝通（杜敏世，1994），這是指涉面對高層次自我。林小玲、蔡欣玲（1998）的研究討論到，倫理困境涉及自我超越之靈性層次的探討。自我的超越需要透過自我的反思（蔣欣欣、余玉眉，2001），反思是一種審視自我，回顧自己。就是讓人的良知參與，良知是行動的無上命令，主張做善不做惡。以價值為主，珍惜生命，不踐踏生命。採取行動與否不是取決於外人禁止，而是個人內在愛護價值的立場；不是怕被罰，而是尊重自己懂得的可貴的價值。接受高層次真誠自我的邀請、誘導，為善。一直向上超越，相信我有責任、也有權利，去管理自己。

　　這種向上超越，讓高層自我管理自己的能力，是面對難處理的倫理困境中所需要的，但是個人如何能達成？這是值得探討的議題。

　　曾經有一群四年級的學生，在專業問題研討的課程中，最初指出要討論「護理人員是否有權拒絕照顧愛滋病人」，想要明白當時護理人員對照顧愛滋病人的抗爭活動，也想要明白自身的權益。當這六位同學結伴實地去病房觀察護士的照顧行為之後，她們自己決定改變立場，將題目改為「如何照顧愛滋病人」，她們讓自己參與照顧活動中，同時，也努力化解周遭親人的憂慮。她們由自身的權益，超越到關心他人的立場。

誌謝

　　感謝學生、護士，及關心此領域的人，直接或間接提供資料，協助此文的完成。

參考文獻

中文部分

毛怡紅（1995）。自然的自然性及其意義。**中國現象學與哲學評論**，第一輯，現象學的基本問題（頁187-188）。上海：譯文。

李本富、丁蕙孫、李傳俊（1998）。**護理倫理學**。北京：科學。

李安德（2000）。**超個人心理學**。台北：桂冠。

杜敏世（1994）。護理的困境與倫理。載於陳心耕、張博雅、陳月枝、杜敏世、沈宴姿、陳玟秀合著，**護理學導論**。台北：空大。

林小玲、蔡欣玲（1998）。探討加護護理人員其倫理困境與相關因素。**榮總護理**，**15**（4）：363-373。

蔣欣欣、余玉眉（2001）。護病間的互為主體性。**國立政治大學哲學學報**，**7**，307-322。（校稿中）

蕭宏恩（1999）。**護理倫理新論**。台北：五南。

西文部分

Corley, M. C., & Raines, D. A. (1993). Environments that support ethical nursing practice. *A WHONN's Clinical Issues in Perinatal and Women's Health Nursing, 4*, 611-619.

Forchuk, K. (1991). Ethical problems encountered by mental health nursess. *Issues in Mental Health Nurses, 12*, 375-383.

Fowler, M. (1989). Moral distress and shortage of critical care nurses. *Heart and Lung, 18*, 314-315.

Fry, S. T. (1994). *Ethics in nursing practice.* Geneva, Switzerland: International Council of Nurses.

Jameton, A. (1993). Dilemmas of moral distress: Moral responsibility and nursing practice. *A WHONN's Clinical Issues in Perinatal and Women's Health Nursing, 4*, 542-551.

議題二

產前遺傳檢測之諮詢
與倫理議題

▶▶蔣欣欣、喻永生、余玉眉

一、產前母血篩檢的現況

　　近年來，國內基因體醫學的發展，使得遺傳諮詢逐漸受到重視，但是多偏重於提供知識訊息，卻較少注意心理教育與心理諮商層面。因此，需要深入檢視遺傳篩檢的諮詢關係及其倫理態度。本論文將以產前遺傳諮詢為例，探究諮詢關係中的專業立場，以利於發展合宜的諮詢態度。

　　台灣地區實施全民健保之後，99.4%的孕婦接受產前檢查（陳麗美，1997）。為提高唐氏症的產前診斷率，台灣自1996年開始於各地醫院推行母血唐氏症篩檢（郭義興，2002）。因此，孕婦接受產前檢查時，其中一項是母血唐氏症篩檢，但是屬於自費檢查。國外研究指出各地區孕婦接受此項產前檢查的情形，有由33%至98%不等的差異，是與該地區的政策、醫護人員的態度等因素有關（Press & Clayton, 2000）。母血檢測主要是檢測第二孕期（懷孕15-22週）時，母血的甲型胎兒蛋白（Alpha-Fetoprotein, AFP），以及人類絨毛性腺激素（Human Chorionic Gonadotrophin, HCG）兩種血清指標，合併母親年齡與懷孕週數，計算懷有唐氏症兒的合併危險度（combined risk）（郭義興，2002）。目前是以唐氏症危險率 ≥1/270 為篩檢標準，若唐氏症兒的合併危險度高於這個值，就建議孕婦接受羊膜腔穿刺術，以確認胎兒是否為唐氏

症。

　　由於此檢測在 5%偽陽性率（false positive rate）下的偵測率（detection rate）僅有 67%（Chao, Chung, Wu, et al., 1999）。使得產前檢測存在的不確定性，或是診斷確定胎兒是否異常，都造成孕婦及家庭很大的衝擊。

　　關於產前母血檢測的研究指出，孕婦得知檢測結果為陽性（胎兒是唐氏症的風險較高），一般均會感到驚恐，以致影響思緒、食慾、睡眠（Marteau et al., 1992; Green & Malin, 1988; Keenan, Basso, Goldkrand, & Butler, 1991; Evans et al., 1988; Pueschel, 1987; Abuelo, Hopmann, Barsel-Bowers, & Goldstein, 1991）。雖然，這些孕婦接受遺傳諮詢後其焦慮可以減低（Tercyak, Johnson, Roberts, & Cruz, 2001; Adler & Kushnick, 1982）。但是，當孕婦繼續接受羊水檢查，結果確定胎兒是正常之後，有些孕婦對於母血檢測的施行仍持質疑的態度，表示下次懷孕不會做此檢測，也不會推薦其他朋友做此檢測（Earley, Blanco, Prien, & Willis, 1991）。另有研究指出 13%的孕婦即使得知羊水檢查結果正常，依舊感到焦慮不安（Weinans et al., 2000）。雖然，母血檢測的施行對母體健康、親子關係以及日後教養態度的影響並未確知，但是，此種檢測增加懷孕的風險性，使懷孕不再被個人或家庭認為是一件自然發生的事，如此帶來的焦慮不安，應該是心理衛生初期預防工作時，應該關心的議題。

　　本研究將探討產前遺傳諮詢時，孕婦與醫療專業人員面

臨的處境，以及兩者之間的諮詢關係，期能找出產前遺傳諮詢的可行方向。

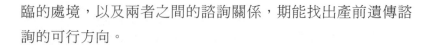

二、研究方法

為探究產前遺傳諮詢的實際現象，研究者以參與觀察與個別深度訪談方式（Ryan & Bernard, 2000），獲得醫療機構之人體試驗委員會審查通過，自 2001 年 4 月至 2003 年 4 月進行產前遺傳諮詢的實地參與觀察。觀察內容包括產科門診、遺傳諮詢門診、護理衛教指導室的醫病或護病溝通；以個別或焦點團體方式，訪問產前母血唐氏症篩檢（maternal serum screening for Down Syndrome, MSS-DS）出現陽性反應的夫妻、唐氏症兒雙親（產前母血篩檢是偽陰性）以及相關的產科醫護人員。

深度訪談的進行在每次訪談過程中，均經由個案的同意並簽署研究同意書，而訪談過程使用錄音以協助資料的蒐集，並且適時以紙筆記錄互動中重要的言語及非語言表達。之後，配合錄音內容轉成文字稿；並且撰寫田野訪談日記，描述自己的想法與心情；同時，蒐集唐氏症母血篩檢相關文獻及衛教文本資料進行內容分析。

參與本研究的醫護人員共有十六位，年齡範圍在二十四至五十六歲之間，其中醫師有六位（37.5%），護士有七位

（43.75%），醫檢師有一位（6.25%），遺傳諮詢師有二位
（12.5%）。孕婦的部分則有二十六位個案參與研究，個案年
齡介於二十二至三十五歲之間，另外本研究訪談了五位母血
篩檢結果是偽陰性（false negative），產下唐氏兒的母親，年
齡介為二十七至三十四歲，其此五位參與者中有二位是高中
／高職學歷（40%），另外三位則是大學或專科學歷（60%），
職業為職業婦女的有二位（40%），家管有三位（60%）。

　　資料分析採用繼續比較（constant comparative method）的
方式進行（Angrosino & Kimberly, 2000; Charmaz, 2000），先
找出其中豐富的敘述，同時以 Nudist 軟體進行內容的重點摘
錄（Tak, Nield, & Becker, 1999; Richards, 1999; Weitman,
2000），找出可以歸納的分項，包括告知、孕婦需求、終止
懷孕、法律糾紛、母血篩檢、羊膜穿刺、殘障失能、專業關
係等項目，並且確定其意義，當分項確定後，研究者重新檢
視原始資料與類目的適合情形，選取有關專業角色的敘述，
注意比較母血篩檢執行流程、對篩檢以及殘障兒的看法，醫
病關係的運作情形。接著進行結果的撰寫歸納，形成知己、
知彼、互為主體的諮詢關係三大分析類目，再搭配合宜的例
子與相關論述，呈現資料的意義。初步結果分析完成撰寫
後，邀請專家與受訪者審閱資料詮釋的嚴謹度，作者再根據
所蒐集的意見，修正撰寫表達不明確之處，以增加論文的可
靠度。

三、產前遺傳諮詢的專業考量

　　根據資料分析結果，將對制度與知識體系建構的專業立場（知己）、產前檢測衝擊孕婦生活世界（知彼）、互為主體的諮詢關係，分別進行探究。

㈠制度與知識體系建構的專業立場（知己）

　　當專業人員進入產前遺傳檢測的情境，其專業主體必然受到專業制度與相關知識體系的影響。有關專業主體的審視包括(1)篩檢成為一種「常規」，(2)遺傳檢測與生命價值。

1. 篩檢成為一種「常規」

　　一種遺傳檢測的技術，成為普遍篩檢的工具，具有其形成的背景與過程。當其成為篩檢「常規」，專業人員自然而然投身其中。以下分別指出制度下專業人員與孕婦的立場。

　　台灣地區對於篩檢，雖然沒有立法推動，但是，國內專業團體基於歐美地區發表的研究報告，也開始進行國內研究計畫。1994 年先以衛生署資助研究的方式，在台北地區數家醫院實施產前母血篩檢唐氏症，之後推展於全台各地，此種以研究計畫的方式推展，形成一種與立法類似由上而下的權

威性。

　　當篩檢形成常規制度，醫護人員必然認真執行，某醫院產科門診的護理人員提到，「我們醫院的門診，有一個Down screening母血篩檢的作業常規，會提醒同仁要跟醫生講，『現在（孕婦）是懷孕幾週，要不要開這個單子（檢驗單）？』」

　　如此一來，進入此醫療體制的孕婦，也就自然地接受此篩檢。其立場是「……對科學的，我們也無能為力啊，妳只能信任醫生啦，……醫生會看妳的狀況，建議妳先做什麼檢查……。」

　　作業常規是用於保證實施品質，但是當遺傳檢測成為常規，就容易忽略篩檢知情同意的重要性。一位資深產科醫師提出個人的觀察與反省，「一個產科醫師，他檢查的動機在哪裡？他為什麼這麼做？……有沒有考慮到該不該建議她去做，做完以後也許有些 impact（衝擊）有沒有發現？」

　　當唐氏症產前母血檢測的技術成為常規，其實指出一種新醫療技術進入市場商品化的軌跡。社會學家 McKinlay（1982）指出其三個發展階段：首先是「研究報告發表」階段，該項技術的研究結果，於專業期刊上發表，產生具有發展前景的印象，會被視為很有價值，可讓病人從中獲益。第二個階段則是「利益團體運作」階段，這是專家團體的支持所帶來的穩固時期。最後，「政策支持」階段，如果政府為了支持這項創新發明，而以「保護」的立場訂出公共政策，通常這項技術的發展歷程，只能向前，無法回轉，如同寶瓶

中釋放出的神魔，很難再收回去。不過，荷蘭在實施此篩檢之後，於 1992 年立法規定母血篩檢不再是產婦必做的產檢項目（Weinans et al., 2000）。

2.遺傳檢測與生命價值

由於目前產前遺傳檢測後，對其所發生的異常並沒有積極的治療措施，僅是避免生下殘缺的小孩。當篩檢成為常規，就必須建構某種論述，鼓勵大家接受此篩檢，因此不僅是法律法規制度，專業文獻與宣導文件都出現支持遺傳檢測的立場，但是當篩檢成為常規，無形中也造就建構出某種優生的生命價值觀。

一位孕婦提到「現在應該蠻要求優生學呀，不願意生下造成很多負擔的孩子，這樣對自己或是社會都是很大的負擔……」孕婦是如何認知唐氏症是社會很大的負擔？

一本詳述各項產前檢查的《新婚優生保健手冊》，內文也介紹唐氏症胎兒之母血篩檢，其中提到，「『唐氏兒』最主要是有智力障礙，也可能同時有許多生理上的合併症（如：先天性心臟病）。而這些病患終其一生均需要家人的長期照顧，造成極大的精神及經濟上的負擔。（台北市政府衛生局、婦幼醫院，2002）」這種造成「精神及經濟上的負擔」或是「家庭悲劇」的敘述，出現於研究者查訪的九所醫院提供之產前唐氏症母血篩檢的說明單張。此項說明單張目的可能在勸導孕母接受產前母血唐氏症篩檢，但是內文過於強調

負擔，而忽略「唐氏兒」也有不同程度的智力或身體發展狀況。

此外，「優生」的概念，不僅呈現於《新婚優生保健手冊》，也源自政府於 1984 年公布的「優生保健法」，其中明示「優生」的立場，也隱含著社會對生命價值的爭議。

(二)產前檢測衝擊孕婦的生活世界（知彼）

產前檢測影響孕婦的身體功能、自我觀，甚至面對生命權（pro-life）與親擇權（pro-choice）的兩難，使懷孕的經驗更形複雜。

1. 影響孕婦的身體功能

當此篩檢呈陽性反應，其檢測前對自身母親的角色以及腹中的胎兒，都充滿憂慮與操煩，造成失眠、吃不下東西、體重減輕，深切地影響懷有胎兒的母體。

一位孕婦說出當時在產科門診被告知陽性結果的情形，「那個時候我聽到了以後，我回來是邊走邊哭的！……醫生是很親切啦，只是我被嚇到了，根本不知道要問什麼？」另一位孕婦提到「（聽到母血檢查結果）忍不住會發抖，就是忍不住，我就出來跟他（先生）講，我真的很害怕。……禮拜六也是一整天沒辦法吃東西，到晚上睡覺時更不舒服。」

上述的孕婦顯然於檢測前並未充分得知此篩檢的意義，

而產生如此的恐慌。不過，有位母親指出告知陽性結果時，太多訊息的影響，「我的醫生非常小心！每個過程都跟妳解釋得很仔細，……他會跟妳解釋如果這樣生下來會有多少比率是唐氏症，還會一直強調羊水有多少失敗率，搞得我更緊張！」如果檢測之前清楚告知，可否免去得知母血篩檢屬於唐氏症高危險群的憂慮？因此，提供「清楚充分」的資訊可能也未必能夠解決孕婦在篩檢過程的的焦慮。

不過，有位孩子已經六個月大的母親，產後翻閱媽媽手冊（產前檢查記錄本）才注意到自己曾接受產前母血篩檢，她慶幸自己檢測之前不清楚，「如果知道那麼多，我的懷孕過程就不得安寧了。」似乎對於資訊的無知可能反而是一種幸福。

這些案例經驗，顯示訊息太少會造成困擾，訊息太多也會引起不必要的緊張，如何合宜地告知檢測與其結果，是相當不容易的一件事。

2.衝擊孕婦的自我觀

產前母血篩檢，雖然只是簡單的抽血檢驗不傷及母體及胎兒，但是所提供的訊息，卻衝擊孕婦對自己自我的觀點，並懷疑自己的體質有問題。一位三次懷孕產檢，同時做唐氏症母血篩檢都是呈陽性的孕婦，雖然三次都是偽陽性，但在第三次懷孕產前檢測為陽性後，接受訪談時提到，「人家就會質疑是不是妳本身基因有問題，那如果說讓我婆婆那邊的

人知道，那又更不懂，她會覺得我娶的這個媳婦，是不是有病，是不是本身基因就是哪裡缺陷……，即使現在小孩子非常健康非常活潑，還是會擔心自己基因會傳給他。好像掛著名牌，即使沒事，人家還是覺得掛著名牌。」雖然之後羊水檢查胎兒染色體正常，但是這個唐氏症篩檢的「名牌」，卻波及孕婦對自己的看法，其自我認同受到周遭人態度的影響，形成自我標籤化，甚而污名化（self-stigmatization）的處境（Press & Clayton, 2000）。如此造成的自我狀態是否可能影響婆媳關係、親子關係。

3. 面臨生命權與親擇權的衝突

母血篩檢提供一種確認胎兒異常的可能性，這種可能性迫使孕婦面對珍惜胎兒生命抑或還是選擇終止懷孕的困境。一位懷胎六個月的孕婦提到，「妳會覺得胎兒已經有胎動了，妳會覺得那是個生命，那這個時候才知道，很折磨人。所以每天……，那段產期啊，覺得心情很不好。」

如何抉擇是諮詢時需要考量的議題。一般民眾作自由選擇，受到兩個外在力量的影響，(1)來自政府與社會高壓的權威力量，包括法律、獎勵或鼓勵的制度。(2)文化與信仰的影響，包括宗教、習俗、傳統以及附和眾議（Jennings, 2000）。當家庭面對胎兒的生存權與親擇權的衝突時，有時個人內在的道德良心受外在價值的影響，而不能於抉擇時彰顯出來。因此，多半是依據外在價值做抉擇，缺乏個人內在的深思熟

慮（Jennings, 2000）。如果經過深思熟慮之後，她是否仍然做同樣的選擇？

本研究母血篩檢陽性結果的二十六位孕婦中，半數（13/26）決定做出決定終止懷孕的決定，有七位不想談這件事，僅有一位表示要生下來，另有五位的訪談中未提及此議題。

英國進行產前母血檢測施行的研究，受訪的一○一位孕婦中有五個拒絕母血篩檢；三十四位又經羊水檢查出孩子是有問題的孕婦中，有七位拒絕墮胎（Al Jader, Parry-Langdon, & Smith, 2000）。此研究對於拒絕墮胎或拒絕母血篩檢的案例並未做案例背景分析，僅提及拒絕母血篩檢者，均為高教育、高社經者。此是否意味高教育者，易擁有較多資訊，易於做出自主的抉擇？孕婦做決定之前，是否了解抉擇之後面對的情況？例如，終止懷孕的處境是什麼？如果生下唐氏症嬰兒可以如何照顧？

國內一項對因懷有唐氏症而墮胎的初孕婦之研究，發現終止懷孕對其自尊、自我價值感有極大的傷害，此傷害除了造成個人情緒上的抗議、哀傷、愁苦，也波及其與社會的接觸，恐懼面對未來不可測的懷孕，甚至產後身體恢復，都會觸景傷情，再憶起孕育失敗的經驗（陳淑齡、余玉眉，2000）。另一項關於生育唐氏症兒的父母的研究，指出患孩的誕生，確實衝擊一個家庭，需要時間加以調適；但是，外在資源的差異，影響家庭關係的變化，有的夫妻關係因而疏

離，有的家庭卻將此患兒視為家中的寶貝，家庭關係反而更密切（蔣欣欣、喻永生，1997）。

　　一位育有兩個兒子之後，產下唐氏症女兒的婦女，她在產前檢查時要求醫生抽羊水檢查孩子性別，以便決定是否終止懷孕。醫生認為以選擇胎兒性別為理由做羊水檢查是不適合的，而加以勸阻。後來，卻生下一位唐氏兒，她說到「剛開始的時候我真的很恨那個醫生，覺得他讓我的人生從彩色的變成黑白的。不過我的小孩在一、兩歲的時候真的好可愛，那時候好希望小孩就一直不要長大，真的很可愛。」顯示唐氏症兒的照顧，是帶來不同的家庭生活經驗。

(三)互為主體的諮詢關係

　　互為主體的立場就是諮詢者與當事人之間是相互觀察與觸發。此種相互觸發是彼此對當下呼喚的回應，是個人經驗生活的呈現，也是社會制度的產物。分別由以下三個狀況說明此種關係。

1. 等候凝聽檢測結果的孕婦

　　在產科門診，一位等候醫師告知母血篩檢診察結果的孕婦，描述自己在候診室的經驗。她與門診的護士之間猜測門診護士已經看過自己的病歷，知道了篩檢結果，以無言的方式發出呼喚，也注意著非言語的回應，「……其實我很想知

道，但是我又很害怕，我就在那邊拉扯，最後沒有問。其實，我也會去觀察她（護士）的表情，……。」她覺得此時的護病關係一直是互相猜測！互相在猜測對方可能給我什麼樣的訊息。

2.觀察孕婦反應的護士

上述案例是指在宣告檢測結果時，孕婦會揣摩護士的表情；實際上，護士也在注意孕婦的表情。另一個產科門診，有位資深護士說到，「如果看到報告是不正常的話，不可以先講、不可以透漏任何消息，要先評估一下這個母親人格特質是什麼？然後等醫生跟她講完報告，她可能很depression，妳可能要適時的去介入。」兩者之間在沉默中，卻相互隨機而發。

3.感覺被質詢的醫師

法律與制度也影響諮詢關係中主體呈現的方式。一位生下唐氏症兒的母親說到自己與其醫師相處的經驗，「後來當確定孩子是唐寶寶時，（產科）醫生僅是趕緊拿出母血檢查報告，告訴我他並沒有醫療疏失。我當然知道醫生沒有醫療疏失，我只是很喪氣，到頭來，連一個關懷與同情都沒有，只是趕緊撇清責任。」

遺傳檢測面對法律訴訟的壓力，可能窄化醫師告知時所專注的範圍（Press & Clayton, 2000）。使醫師對於將個案的

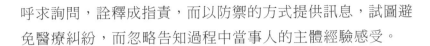

呼求詢問，詮釋成指責，而以防禦的方式提供訊息，試圖避免醫療糾紛，而忽略告知過程中當事人的主體經驗感受。

四、技術與制度的省思

根據結果中知己知彼與互為主體的諮詢關係，將進一步探討專業制度與知識體系對生命價值的影響、產前檢測的告知、人本導向的遺傳諮詢關係。

(一)遺傳檢測帶來生命價值的反省

基因科技影響下，懷孕不再是一件自然的生命現象。當懷孕的經驗被化約成基因的論述，就容易忽略人類繁衍的文化意含、親職、母職、養育等觀點；此影響所及不僅在對身體、自我、未來孩子，也涉及到對生命的輪廓。一些應該以社會與環境角度了解的狀況，都會加以「生物化」。誤以為基因科技可以成為我們身體或是未來小孩的生化建築師（Jennings, 2000）。

當基因科技的資訊，被視為一種知識，此種醫療知識甚至具有「意識型態」的功能，製造出某種社會圖像，進而製造出市場需求，有時會促使某些檢測過早市場化，同時引發生命價值的爭議。科技發展不僅改變外在環境，也改變人的

性質，帶動社會制度、倫理與價值觀的變革（周桂田，2001）。因此，基因科技不是處於道德或社會價值中立，例如產前唐氏症的篩檢，存在對於殘障生命的價值判斷，衝擊生命的價值以及懷孕經驗。

面對產前唐氏症母血篩檢陽性反應的結果，醫事人員是建議孕婦繼續接受羊水檢查以確定診斷，如果確定胎兒染色體異常，並沒有治療方法。缺乏適當治療方法的產前遺傳檢測，蘊含著否定殘缺生命存在的價值，容易對於未被控制而生存的殘障者，出現歧視的態度（Parens & Asch, 2000）。但是，卻也提醒我們認真思考「殘障」的意含，殘障是一個人附帶的性質，還是一個人形成主體認同的主要性質，並且對一些社會規範提出下列的質疑（Edwards, 2002），雖然殘障是受苦的，所以預防殘障是道德上許可的，但是受苦的意義是什麼？雖然殘障會影響本人與親人的生活品質，所以道德上需要終止其發生，但是生活品質的意含是什麼？雖然預防殘障是合於社會利益，但是胎兒的權益呢？雖然殘障者需要依賴他人生活，是道德上不希望的，但是什麼是依賴他人的生活？這些問題顯示出，遺傳檢測的實施，確實驚醒我們面對人生存在性的一些問題。包括什麼是受苦？什麼是生活品質？什麼是胎兒的權益？什麼是依賴他人的生活？

產前母血唐氏症篩檢僅是一種篩檢，不是診斷的工具。然而透過篩檢提供知識善意的企圖，也可能導致災難。使得危險的來源不再是無知，而是知識。因此行動者需要透過認

知、學習、溝通，加強對行動決策的責任感，不再只為「自我」謀得成功，而是朝向「互利」「共生」，喚醒「生命共同體」（顧忠華，2001；Giarelli, 2003）。當科學家汲汲營營於征服自然、追求卓越之時，是需要反省自身參與大自然規律中的角色。倫理學家 Hans Joans（1903-1993）對科技文明發展提出「責任原理」的概念，指出負責的決定，不應僅考慮行為的直接結果，應考慮行為的遠程效應；主張人們從事有關科技的決定，應源於自然進化內存之目的性，即尊重生命本身，以謙卑的責任原理（充滿恐懼與敬畏之情），取代一種忽視人與自然生態之毫不謙虛的烏托邦主義（汪文聖，2001；孫治本，2001）。如果我們同意以責任原理面對基因科技的發展，就能促進遺傳諮詢倫理考量的發展。

　　一項對十八個國家的醫學遺傳諮詢倫理考量的研究指出，除非是能夠早期治療的新生兒篩檢、親人也有遺傳風險時，篩檢應是自願參加，不能強制（Wertz, Fletcher, & Mulvihill, 1990）。關於所謂「自願參加」的意義是什麼，個案是如何決定願意接受檢測？個案是否了解檢測的結果帶給自己生活的影響？專業人員告知時，是否考慮行為的遠程效應，而不僅是當下行為的直接結果（得到病人同意）而已。

　　遺傳檢測的施行，是否讓我們陷落於一種排除異己的心態？是否忽略他者存在的價值與意義？現代社會所持的優生立場，創造完美嬰兒的價值觀，造成不尊重普世的生命價值，曾經造成某個族群受到大屠殺。優生學所以不恰當有下

列五點理由：*1.*優生學是在取代而非治療；*2.*忽略價值的多元化；*3.*損及生育的自由；*4.*中央集權；*5.*缺乏多面向的正義考量（Buchanan, Brock, Daniels, & Wikler, 2001）。這種爭議也引發台灣地區對於「優生保健法」名稱與內容的反省，一些民間團體建議政府修改「優生保健法」的內容，並認為「優生」之名詞也應要修改。隨著對產前遺傳檢測實施的反省，讓專業人員更能檢討過去習以為常的照顧措施與立場。

(二)產前檢測的告知

產前檢測是個連續的流程，篩檢出異於常模的結果，容易引發連串的煩憂。因此，醫護人員需要敏銳的覺察孕婦的處境，提供適切的諮詢照顧。美國加州地區，1985年立法通過產前母血篩檢的實施，使當地母血篩檢率由1986年的41%，到1994年提升至63%（Benkendorf, Peshkin, & Lerman, 2000）。此項法令雖然被批評過於重視優生，但是它也規範專業人員必須於產前母血篩檢之前提供諮詢，並請其簽署同意書。

關於產前檢測告知的關鍵時刻，分別是：(1)檢測實施之前；(2)母血檢測成陽性之告知；(3)告知羊水檢查之結果。檢測之前的簡易告知，使孕婦自然地接受簡單的抽血檢查，但是由於檢測前缺乏深入的了解，使得陽性反應後出現許多可能是不必要的困惑與焦慮，將母血篩檢陽性結果，誤會胎兒

就是患有唐氏症。

　　關於告知產前檢測的方式，已有學者根據不同的立場，提出產前檢測的告知諮詢模式。Bernhardt、Biesecker 與 Mastromarino（2000）根據專業人提供諮詢內容加以分類，指出四種諮詢模式：(1)簡易型；(2)訊息型；(3)知情同意型；(4)心理教育型（Bernhardt, Biesecker, & Mastromarino, 2000）。簡易型，僅簡要告知檢測的過程，不會告知檢驗與胎兒的關係。未注意個案日後可能遇到的困難與抉擇。這方式太簡單，但對於多數大眾是可以接受的。資訊型，認為只要提供資訊就是有利於當事人，但忽略當事人對此資訊的自我詮釋。這兩種諮詢方式，屬於以專業人員立場為主的事件模式（event model）。知情同意型，較廣泛討論檢測的風險與好處，同時了解此訊息帶給個人的意義。心理教育型，提供訊息，同時探究此訊息衍生出當事人的想法與情緒變化。這兩種類型，屬於較考慮當事人立場的過程模式（process model）。事件模式的告知，是以告知訊息而取得其知情同意為主；因此，專業人員提供的訊息，重點在事件本身的資訊，忽略告知過程中當事人的感受。過程模式的告知則考慮到互動過程中，病人在不同時期的不同需求。無論在研究或是臨床服務，過程模式是比較理想的告知方式（Press & Clayton, 2000）。

　　心理教育型的告知，重視相互合作。諮詢者請教當事人，何種訊息是能夠幫助她做決定，也會了解當事人過去與失能者（disability）接觸的經驗。告知不僅是訊息內容，還

有其他的因素需要考量，包括以同感性的態度，理解當事人接納一個胎兒、或終止懷孕、或建立一個家庭的價值觀。因此需要注意不同的母職類型，對於胎兒存在的觀點不同，包括 1. 母性型：愛所擁有，接受任何一個自己所生的小孩。2. 投射型：愛自己的理想，接受達成自己目標的孩子。3. 家庭型：愛家中的成員，懷孕不是因為想創造新生命，或是造就愛與養的對象；是開始一個家庭，給先生一個小孩、給父母一個孫子（女）、給孩子一個手足（Ruddick, 2000）。此時，醫護人員或諮詢者若能對於不同母職類型，找出不同的諮詢方式，將有助於建立遺傳諮詢的知識體系。

對於唐氏症兒的產前篩檢諮詢常偏重於實驗室檢查結果，輕忽諮詢的部分，會造成雙親更大的困惑（Gekas, Gondry, Mazur, Cesbron, & Thepot, 1999; Smith, Shaw, & Marteau, 1994）。基於一般民眾與專業人員間存在著知識不對等的狀態，也造成對專業的依賴性，在病人如此依賴專業人員的情況之下，專業人員進行諮詢時，如何引發病人或家屬的自主抉擇能力，避免科技商品化成為常規之後，形成之理所當然的態度，是專業人員自身需要思考的議題。

(三)人本導向的遺傳諮詢

人本的遺傳諮詢是重視當事人與諮詢者雙方立場，強調關係中的互為主體，不同於過去的非指導性的遺傳諮詢方式。

　　1969 年世界衛生組織的遺傳諮詢專家委員會，認為諮詢者應尊重病人的自主性，保持一種完全客觀的立場，避免以個人意見控制當事人的生活，因此，提出非指導性的遺傳諮詢方式（nondirective genetic counseling）。然而非指導性的遺傳諮詢，過於強調中立性，低估開放性溝通的必要性，使當事人無法在互動溝通時，自在地進行自我探索，很難做出真正合乎個人的抉擇（Anderson, 1999）；另外，有些情況實際上需要醫療處置的建議；或是在溝通過程中，諮詢者非語言的行為，也是當事人抉擇的線索（Plunkett & Simpson, 2002）；此外，討論有關遺傳議題的抉擇時，涉及的是家庭，非僅個人事務。強調個人自主性的非指導性遺傳諮詢，必然遭遇運作上的困難。由於非指導性的遺傳諮詢有其執行層面的限制（Bartels, LeRoy, McCarthy, & Caplan, 1997; Biesecker, 2003; McConkie-Rosell & Sullivan, 1999; Petersen, 1999; Weil, 2003），因此開始重視心理社會變化歷程的遺傳諮詢（Bosco, 2000; McAllister, 2001）。

　　非指導性遺傳諮詢的觀點是源自人本心理學家 Carl Rogers 早年的非指導性（nondirective）心理治療（Plunkett & Simpson, 2002），他晚年卻將之修正為人本（person-centered）的心理治療。其間經歷一段發展的歷程，最初，Rogers 於 1930 至 1940 年代之間依據傳統的心理治療方式，提出非指導性的概念。後來，他也發現非指導性取向，易被誤為「沒有指導」。1951 年揚棄過去較負面、狹隘的語詞限制，轉而重視當事人

成長的「當事人為中心（client-centered）的治療法」。之後，又發現諮詢者在諮詢關係中占有主動引發互動的角色，過程中是「非指導」，但並非「沒有引導」，事實上，未必完全以當事人為中心。因此，1974年Rogers與其同事又將「當事人為中心的治療法」改為「人本的心理治療」，強調諮詢關係中的雙方共同參與的角色（Kessler, 2000；宋文里譯，Rogers著，1990）。即是互動之中，諮詢者除了理解病人之外，需要隨時檢視自己的思考與言行。

反省過去的遺傳諮詢，也較多採用重在提供訊息的醫療模式，較未考慮病人的立場，將來宜走向以家庭為中心，人性實踐的方式（Newell, 2000）。互為主體的諮詢關係，關心人性的實踐，於諮詢的互動過程中，除了現場彼我間的互動，還須能夠以第三者的觀點，觀照自身與當事人的互動。這種超越我自身的觀看，有助於察覺當事人與自身的處境（蔣欣欣、余玉眉，2001；蔣欣欣，2002；蔣欣欣、陳美碧、蔡欣玲，2003）。產生一種情境式理解，建立一種相互信賴的關係，進而幫助個案能接納自己；當一個人愈能接納自己，就愈能開放心胸，進而可以真誠面對自己的處境（Rogers, 1969）。由個人內在重新整理自己，發現自己的新能力，也就是促成個案發展自主的能力（autonomous competence），開發個案自我照顧的潛能（Meyers, 2000）。一種深思熟慮的抉擇能力，包括是否接受產前篩檢、是否接受侵入子宮的羊水檢查、考慮是否終止懷孕等。面臨這些價值抉擇，此由互動

關係中找到自己的位所，是種關係性的自主（relational auto-
nomy）（Dodds, 2002）。此關係性自主的發展源自與專業人
員的互動方式，透過深度的對話互動，能夠抽身以第三者的
眼光檢視自己，進而真誠的面對處境。

　　此時遺傳諮詢所重視的不只是個體生物性層面的資訊，
也不僅是心靈層面的關懷，而是注意身體化的位格（embodied
person），意即在提供訊息的當下，注意個案身心靈整個處
境，透過「專注的凝聽、小心的提問」之方式，產生一種情
境式的理解（circumstantial understanding）（Zaner, 2003）。
此理解方式需要一個清明的自我，然而諮詢者凝聽與提問，
不免受制於個人主體經驗與所存在的體制；因此，更要觀照
自身的經驗、價值、信念、意願是如何運作諮詢的過程。這
種知己知彼的功夫，是強調互為主體關係的人本導向遺傳諮
詢，需要努力的方向。

五、結論

　　遺傳諮詢是以遺傳資訊為主的動態心理教育過程，含有
教育與短期心理治療的功能，幫助個案及家人接受與調適所
面對的遺傳風險。此時，需要能知己、知彼，並注意互為主
體的關係。亦即藉由彼此之間的信賴關係，幫助當事人認識
遺傳性疾病、發生疾病的風險，產生合於自身的抉擇，增加

個人掌控感，以減少心理壓力。

本論文根據實地訪問參與唐氏症母血篩檢的孕婦、醫護人員，以及針對相關文件的探究，反省健康專業人員面對產前檢測的諮詢立場與態度。了解遺傳諮詢，不僅尊重孕婦的感受與抉擇；同時，諮詢者也須觀照自身，反省專業自我生存的社會價值體系，注意專業自我如何將此價值體系運作於專業角色的執行。這樣的反省有助於在遺傳諮詢的過程中，保持一種清明的自我，注意專業我與服務對象之間的互動關係，在此關係中適切地告知，幫助孕婦發展自主的能力，產生適合本身的抉擇，這是人本導向遺傳諮詢的發展方向。

誌謝

感謝接受訪談之孕婦及其親人、熱心之產科醫事人員提供協助，唐氏症關愛者協會的幫助，國科會基因體醫學計畫（NSC91-3112-H-010-002, 92-3112-H-010-002）之經費補助，以及周嘉琪、張天韻小姐協助資料的處理，並且感謝兩位匿名審稿者對本文原稿提出建設性寶貴的修正意見。

參考文獻

中文部分

台北市政府衛生局、婦幼醫院（2002）。**新婚優生保健手冊**。
　　台北：台北市政府衛生局、婦幼醫院。

宋文里譯，Rogers, C. R.著（1990）。**成為一個人：一個治療
　　者對心理治療的觀點**。台北：桂冠。

汪文聖（2001）。醫護倫理之存有論基礎初探：海德格走向
　　優納斯。**哲學雜誌，37**，4-35。

周桂田（2001）。科學風險：多元共識之風險建構。顧忠華
　　編著，**第二現代——風險社會的出路？**（頁47-76）。台
　　北：巨流。

孫治本（2001）。風險抉擇與形而上倫理學。顧忠華編著，
　　第二現代——風險社會的出路？（頁77-98）。台北：巨
　　流。

郭義興（2002）。**台灣母血唐氏症篩檢對唐氏症出生趨勢之
　　影響**。國立台灣大學碩士論文，未發表，台北市：國立
　　台灣大學。

陳淑齡、余玉眉（2000）。懷有唐氏症胎兒的初孕婦接受終
　　止妊娠過程的生活處境。**護理研究，8**，177-189。

陳麗美（1997）。台灣地區嬰兒死亡率、新生兒死亡率、週產期死亡率之流行病學調查研究。**行政院衛生署科技研究計畫成果報告**。台北，國防醫學院，7月。

蔣欣欣（2002）。由護理實踐建構倫理進路。**護理雜誌，49**，20-24。

蔣欣欣、余玉眉（2001）。護病間的互為主體性。**國立政治大學哲學學報，7**，307-322。

蔣欣欣、喻永生（1997）。唐氏症嬰幼兒父母認知真相後之歷程。**護理研究，5**，19-29。

蔣欣欣、陳美碧、蔡欣玲（2003）。建構照顧情境中的專業自我──自我與他者之間。**本土心理學研究，19**，201-226。

顧忠華（2001）。風險、社會與倫理。顧忠華編著，**第二現代──風險社會的出路？**（頁 17-46）。台北：巨流。

西文部分

Abuelo, D. N., et al. (1991). Anxiety in women with low maternal serum alpha-fetoprotein screening results. *Prenatal Diagnosis, 11,* 381-385.

Adler, B., & Kushnick, T. (1982). Genetic counseling in prenatally diagnosed trisomy 18 and 21: Psychosocial aspects. *Pediatrics, 69,* 94-99.

Al Jader, L. N., Parry-Langdon, N., & Smith, R. J. (2000). Survey of attitudes of pregnant women towards Down syndrome screening. *Prenatal Diagnosis, 20,* 23-29.

Anderson, G. W. (1999). Nondirectiveness in prenatal genetics: Patients read between the line. *Nursing Ethics, 6,* 126-136.

Angrosino, M. V., & Kimberly A. Mays de Perez (2000). Rethinking observation: From method to context. In N. K. Denzin (Ed.), *Handbook of qualitative research* (2 ed) (pp. 673-702). London: Sage publications, Inc.

Barnard, A. (2002). Philosophy of technology and nursing. *Nursing Philosophy, 3,* 15-26.

Bartels, D. M., et al. (1997). Nondirectiveness in genetic counseling: A survey of practitioners. *American Journal of Medical Genetics, 72,* 172-179.

Benkendorf, J. L., Peshkin, B. N., & Lerman, C. (2000). Impact of genetic information and genetic counseling on public health. In Muin J. Khoury, Wylie Burke & Elizabeth J. Thomson (Eds.), *Genetics and public health in the 21st century* (pp. 361-384). New York: Oxford University Press.

Bernhardt, B. A., Biesecker, B. B., & Mastromarino, C. L. (2000). Goals, Benefits, and Outcomes of Genetic Counseling: Client and genetic Counselor Assessment. *American Journal of Medical Genetics, 94,* 189-197.

Biesecker, B. B. (2003). Back to the future of genetic counseling:

Commentary on "psychosocial genetic counseling in the post-nondirective era". *Journal of Genetic Counseling, 12,* 213-217.

Bosco, A. F. D (2000). Caring for the care-giver: The benefit of a peer supervision group. *Journal of Genetic Counseling, 9,* 425-430.

Buchanan, A., et al. (2001). *From chance to choice* (1 ed). Cambridge: The University of Cambridge.

Chao, A-S., et al. (1999). Second trimester maternal serum screening using alpha fetoprotein, free beta human chorionic gonadotropin and maternal age specific risk: Result of Down syndrome in an Asian population. *Acta Obstetricia et Gynecologica Scandinavica, 78* (5), 393-397.

Charmaz, K. (2000). Grounded Theory: Objectivist and constructivist methods. In N. K. Denzin (Ed.), *Handbook of qualitative research* (2 ed) (pp. 509-536). London: Sage.

Dodds, S. (2002). Choice and Control in Feminist Bioethics. In C. Mackenzie & N. Stoljar (Eds.), *Relational autonomy* (pp. 213-235). New York: Oxford University.

Earley, K. J., et al. (1991). Patient attitudes toward testing for maternal serum alpha-fetoprotein values when results are false-positive or true-negative. *Southern Medical Journal, 84,* 439-442.

Edwards, S. (2002). Philosophy of disablement. *Nursing Philosophy, 3,* 182-183.

Evans, M. I., et al. (1988). Determinants of altered anxiety after abnormal maternal serum alpha-fetoprotein screening. *American Journal of Obstetrics and Gynecology, 159,* 1501-1504.

Gekas, J., et al. (1999). Informed consent to serum screening for Down syndrome: Are women given adequate information? *Prenatal Diagnosis, 19,* 1-7.

Giarelli, E. (2003). Safeguarding being: A bioethical principle for genetic nursing care. *Nursing Ethics, 10,* 255-325.

Green, D., & Malin, J. (1988). Prenatal diagnosis: When reality shatters parents' dreams. *Nursing, 18,* 61-64.

Jennings, B. (2000). Technology and the Genetic Imaginary: Prenatal Testing and the Construction of Disability. In E. Parens & A. Asch (Eds.), *Prenatal testing and disability rights* (pp. 124-146). Washington, D.C.: Georgetown University Press.

Kass, L. R. (1999). The moral meaning of genetic technology. *Commentary, 108,* 32-39.

Keenan, K. L., et al. (1991). Low level of maternal serum alpha-fetoprotein: Its associated anxiety and the effects of genetic counseling. *American Journal of Obstetrics and Gynecology, 164,* 54-56.

Kessler, S. (2000). *Psyche and helix: Psychological aspects of genetic counseling.* Canada: Wiley-Liss.

Marteau, T. M., et al. (1992). The psychological effects of false-positive results in prenatal screening for fetal abnormality: A prospective study. *Prenatal Diagnosis, 12,* 205-214.

McAllister, M. (2001). Grounded theory in genetic counseling research. *Journal of Genetic Counseling, 10,* 233-250.

Mckinlay, J. B. (1982). From "promisimg report" to "standard procedure" : Seven stages in the career of a medical innovation. In Milbank (Ed.), *Technology and the future of health care, vols. 8* (pp. 230-270). Cambridge, MA: MIT Press.

McConkie-Rosell, A., & Sullivan, J. A. (1999). Genetic counseling--stress, coping, and the empowerment perspective. *Journal of Genetic Counseling, 8,* 345-357.

Meyers, D. T. (2000). Intersectional Identity and the Authentic Self: Opposites Attract! In Mackenzie & Stoljar (Eds.), *Relational autonomy* (pp. 151-180). New York: Oxford University.

Newell, C. (2000). Biomedicine, genetics and disability: Reflections on nursing and a philosophy of holism. *Nursing Ethics, 7,* 227-237.

Parens, E., & Asch, A. (2000). The Disability Rights Critique of Prenatal Genetic Testing: Reflections and Recommendations. In E. Parens & A. Asch (Eds.), *Prenatal testing and disability right,* (pp. 3-43). Washington, D.C.: Georgetown University Press.

Petersen, A. (1999). Counselling the genetically "at risk" : The poetics and politics of "non-directiveness" . *Health, Risk & So-*

ciety, 1, 253-265.

Plunkett, K. S., & Simpson, J. L. (2002). A general approach to genetic counseling. *Obstetric Gynecology Clinic North America, 29,* 265-276.

Press, N., & Browner, C. H. (1997). Why Women Say Yes to Prenatal Diagnosis. *Social Science & Medicine, 45,* 979-989.

Press, N., & Clayton, E. W. (2000). Genetics and Public Health: Informed Consent Beyond the Clinical Encounter. In Muin J. Khoury ,Wylie Burke & Elizabeth J. Thomson (Eds.), *Genetics and public health in the 21st Century* (pp. 505-526). New York: Oxford University Press.

Pueschel, S. M. (1987). Maternal alpha-fetoprotein screening for Down's syndrome. *The New England Journal of Medicine, 317,* 376-378.

Richards, L. (1999). *Using NVivo in Qualitative Research* (1 ed). CA: Sage.

Rogers, C. R. (1969). *Freedom to learn.* Columbus, Ohio: A bell & Howell.

Ruddick, W. (2000). Ways to Limit Prenatal Testing. In E. Parens & A. Asch (Eds.), *Prenatal testing and disability rights* (pp. 95-107). Washington, D.C.: Georgetown University Press.

Ryan, G. W., & Bernard, H. R. (2000). Data Management and analysis methods. In N. K. Denzin (Ed.), *Handbook of qualitative re-*

search (2 ed) (pp. 769-802). London: Sage.

Saxton, M. (2000). Why members of the disability community oppose prenatal diagnosis and selective abortion. In E. Parens & A. Asch (Eds.), *Prenatal testing and disability rights* (pp. 147-164). Washington D.C.: Georgetown University Press.

Smith, D. K., Shaw, R. W., & Marteau, T. M. (1994). Informed consent to undergo serum screening for Down's syndrome: The gap between policy and practice. *British Medical Journal, 309,* 776.

Tak, S. H., Nield, M., & Becker, H. (1999). Use of a computer software program for qualitative analyses—part 1: Introduction to nudist. *Western Journal of Nursing Research, 21,* 111-117.

Tercyak, K. P., Jet al. (2001). Psychological response to prenatal genetic counseling and amniocentesis. *Patient Education and Counseling, 43,* 73-84.

Weil, J. (2003). Psychosocial genetic counseling in the post-nondirective era: A point of view. *Journal of Genetic Counselin, 12,* 199-211.

Weinans, M., et al. (2000). How women deal with the results of serum screening for Down syndrome in the second trimester of pregnancy. *Prenatal Diagnosis, 20,* 705-708.

Weitman, E. A. (2000). Software and qualitative research. In N. K. Denzin (Ed.), *Handbook of qualitative research* (2 ed) (pp.

803-820). London: Sage.

Wertz, D. C., Fletcher, J. C., & Mulvihill, J. J. (1990). Medical geneticists confront ethical dilemmas: Cross-cultural comparisons among 18 nations. *American Journal of Human Genetics, 46* (6), 1200-1213.

Zaner, R. M. (2003). *Ethics and the clinical encounter.* Ohio: Academic Renewal Press.

議題三

一位癌症患者對自己
診斷的察識歷程

▶▶蔣欣欣

　　醫療體系中疾病的診斷是醫師的職責，病人是期望由醫師告訴他診斷。然而對於癌症診斷的告知，卻是目前臨床工作的一個難題，也影響護理業務的進展。有些人主張應當告訴病人實情，因為病人有權利知道自己的診斷，使他們能儘早安排自己的生活步調，此外，他遲早會知道真相，不如早一些讓他知道；有些人主張不需要告訴病人實情，因為癌的宣告好像等於宣判死亡，使人無法承擔此噩耗，因此會否認這個診斷，甚至引起自殺，在眾說紛云之際，到底病人的處境是什麼？醫師們對此事的態度如何？以及護理人員在這種情況中的角色為何？

　　為了回答上述問題，本文將探討有關病人是否願意知道癌症的診斷及醫師對此診斷告知的態度的文獻，同時引述一位癌患對自己診斷的察覺歷程，探討護理人員的角色。

一、癌病診斷的告知

㈠當事者的觀點

　　當事者包括病人及其家屬，Kelly 與 Friesen（1950）曾詢問一百位癌症患者，其中 89% 表示願意知道自己的診斷，同時也詢問一百位非癌症患者，其中 82% 表示，假若自己得了

癌症，他們也希望明確地知道自己的診斷；Branch（1956）
詢問一百零五位患者，其中五十一位是癌症，五十四位非癌
症，其中非癌症者有四十八位表示，如果得了癌症，希望知
道真實的診斷，癌症患者中，有三十九位知道自己的診斷、
九位否認自己的診斷；Samp 與 Curreri（1957）以問卷調查五
百六十位癌患及其家屬，其中 87%認為病人應該被告知診
斷；沈楚文（1982）的研究指出，93%的癌患都希望醫師能
告訴他們實際的情境，使他們能有準備，並且安心接受治
療，上述研究主要詢問對象均是以病人為主，其結果均傾向
於「告訴他真相」。然而陳彰惠（1982）調查癌病患者家屬
對「告訴他實情」的態度時，發現只有39.66%的家屬認為應
該讓病人知道患癌，有58.62%家屬表示不應該讓病人知道患
癌。

(二)醫師的觀點

Fitts 與 Ravdin（1953）以郵寄問卷調查四百四十二位醫
師，關於他們是否告訴癌症病人其診斷。其中 3%為「總是
告訴」，28%為「通常會告訴」，58%為「通常不會告訴」，
12%為「絕不告訴病人」，如果以科別來分析告訴診斷的情
形，發現皮膚科醫師有94%會告訴病人診斷，放射科醫師較
少，只有 12%會告訴病人診斷；Donald（1961）的研究也指
出，90%的醫師傾向於不告訴病人其癌症診斷，醫師會用比

較委婉的字句如「長個瘤」、「組織增生」、「表皮缺損」等代替使用「癌症」；沈楚文（1982）在國內某教學醫院的研究指出，26%的醫師在病理切片證實診斷後，會當面直說，「是不好的東西，要徹底治療」。多數醫師是守口如瓶，頂多安慰「沒關係，只要治療就好」；Rennick（1960）以郵寄問卷訪問五千位醫師，其中22%的醫師「從不告訴」其病人癌症的診斷，16%的醫師「總是告訴」其病人得癌症的診斷，其他醫師則視病人本身穩定情形及家人態度而定；高尚志等人研究（1989）指出36%醫師認為需要告訴癌症病人診斷。上述各項研究結果顯示。醫師對「告訴診斷」的態度傾向於較不告訴，如果告訴診斷，也會用較保守的名詞。

綜合上述研究，可以發現病人傾向於期望被告訴診斷，而醫師則傾向於較少告訴癌症診斷，或是視病人病情或家屬態度而定，而有研究顯示一半以上的家屬傾向於不告訴癌病實情，陳彰惠（1982）的研究也指出，有38.24%的家屬認為病人已知道患癌，但仍反對告知真相。這些資料顯示出，關於癌症診斷的告知與否，在病人與醫師及家屬之間似乎出現不一致的觀點。Glaser及Strauss曾對這種人與人之間的關係，提出「察識層次」（awareness context）的概念，並將之區分為四種形式：封閉的察識、懷疑的察識、互相偽裝的察識及開放的察識，馬桐齡與王桂芸（1988）的研究指出，不同的察識層次會使護理人員對於瀕死病人有不同的態度，開放的察識層次與其他三種分別具有顯著差異，開放的察識層次對

護理人員態度的影響是正向的。

二、個案的察識歷程

　　王小姐，二十四歲，結婚約一年，先生近半年在國外工作，尚未懷孕生子，身高一五八公分，體重四十五公斤，自某醫事學校畢業後，服務於高雄某醫院；此次，因腹部痛而在該院檢查，發現腹部有腫瘤，就立即行手術治療，但剖腹探查時，發現腫瘤已蔓延整個腹腔，所以當時未作任何切除，於傷口縫合後，立即轉至台北某教學醫院。

　　筆者是以護理老師的身分，在此教學醫院指導學生實習，當時王小姐已住院第二天，診斷為卵巢癌，筆者將此個案介紹給護生照顧，同時於住院第二、三、四天與其會談三次，次週，王小姐轉至其他病房。筆者前往追蹤訪談一次，在此過程中。發現王小姐與其環境中人物對此癌病診斷的察識歷程，可分為兩個階段：

(一)相互隱瞞期

　　這個時期是個案家屬及醫護人員與個案之間，彼此不談疾病的真相，包括懷疑的察識與相互偽裝的察識。在其病歷中，住院第一天的護理紀錄上寫著，「病人家屬要求，絕對

不能告訴病人其癌病診斷……」病房工作人員也希望護生在實習時，不要告訴病人診斷。醫護人員及其家屬並不確定病人是否真的不知道其診斷，但是病人會問道，「我是不是癌症？」其周圍的人物給予的回答是，「目前還要做檢查，還不確定……」「不要亂想，好好安心養身體。」在其住院期間一直陪伴在旁的姊姊，有時更說，「不是啦！不要胡思亂想！」同時，還再三叮嚀護生，不能洩露一點口風。

當筆者去看她時，姊姊坐在床旁椅子上，王小姐提到自己是「腹部長瘤，在南部開過刀，此次來台北做進一步檢查。」接著，提自己在家裡很被疼愛，先生也很疼她……等。其姊在一邊也補述，其婆家的人也很疼她，她是如何的幸福……。在其姊不停地講述時，可以發現病人偶而臉上出現陷入沉思的表情，似乎在想其他的事。

在此階段，明顯的觀察到，病人與其環境中的人物，談論重點在過去的自己多幸福，日子多美好，當病人問到自己目前的診斷，就被同樣類似的答案所止住，周圍的人物裝作不確定診斷，病人也裝作不再問，不再擔心，很自然地以「長瘤」來介紹自己。

(二)開誠布公期

這個時期是個案家屬及醫師人員與個案彼此開始願意談論其診斷及相關的一些困擾，是在一種開放的察識狀態。在

其住院第四天筆者去探望她時，護生剛量好體溫、血壓，都還正常，姊姊也如往常坐在床邊椅上，病人躺在床上，見到她寒喧一下，病人突然問道，「小姐，我是不是癌症？」當時我愣一下，想先了解她的認識過程及問題的重心，我詢問她：「醫師有這樣告訴過妳嗎？」王小姐：「沒有，是我問的。」「昨天有一位腸胃科大夫來看我，我就問他，他就問我，『妳怎麼知道的？』然後他才告訴我確實是癌症的診斷。」「其實，我早就知道了。我住院那一天，下床看我的床頭牌 Ca of overy（卵巢瘤），我就知道是癌症。當時嚇一跳，不太相信，問我姊姊，她說不是癌症，又問其他人，他們說不知道或還不確定，我猜自己可能是癌症」。筆者此時才發現病人自己早就做好了很多事，就答道：「哇！妳想了好多！」病人又接著說：「是呀！我在考慮要不要做化學治療，做這治療頭髮會掉得很厲害，身體也更不舒服，也許我不必再做什麼治療了，等我先生回來，我就跟他離婚。這樣他可以再婚，娶妻生子……。」此刻，她已能公開談論自己內心的憂慮，其姊只是坐在一旁，偶而打斷她的話，當我問道：「這些擔心的事，是不是跟家人提過？」她答道：「很少說，多半我自己一個人想，免得家裡人擔心，有時侯想想就偷偷掉眼淚……。」在談過之後，學生來告訴我，其姊姊對於妹妹知道自己是癌病這件事非常生氣。筆者發覺在會談的過程中，其姊姊試圖打斷病人的思路，似乎很難面對癌病的事，當時自己並未注意到姊姊的需要，所以，立即又去找

189

姊姊，看到其姊姊與病人的嫂嫂正在病房外面講個不停，見到我與護生立即停住談話。之後其姊提到不滿意醫師告訴她妹妹實情，同時提到「我覺得不要跟她談，她就不會去想。」當時筆者詢問：「妳真的認為，不跟妳妹妹談，她就不會去想嗎？」姊姊又沉默一下，又說：「也不是，妳是老師比較懂，可以跟我妹妹談，……」此時來了一位小女孩，其姊姊就跟著女孩走開了，之後，其嫂嫂提到，病人「嫁到婆家來，先生常不在家，她的日子很苦，她會跟我談……」「其實她有很多苦惱，讓她談出來她心裡比較舒服。」

　　在此階段，病人已澄清自己的診斷，能夠傾吐自己的憂慮，而能進一步計畫自己的未來，其姊姊表現的是憤怒，仍無法作傾聽者，雖然給病人身體上的照顧，同時擔任所有訊息（與妹妹癌病有關）的監聽者，但無法傾聽妹妹心裡上的憂慮，其嫂嫂較能擔任這個家庭中的傾聽者。

　　在後來轉至另一病房，病人的先生已回國，每天在病房陪她，病人已準備接受化學治療，雖然她正躺在病床上接受靜脈注射，但她能與先生共同招呼著來訪的客人。

三、告知診斷的倫理考量

(一)該不該告訴或如何告訴

　　Küber-Ross 曾指出照顧癌症病人時的主要問題，不在於是否告訴，而在於如何告訴她。根據這個案例的經驗，可以發現個案早就懷疑自己是癌症，她獨自努力去觀察、詢問，蒐集與自己診斷有關的訊息，反而是她周圍的人，像駝鳥一樣，以為「不去看，不去談，就不會有困境出現。」例如其家屬反對醫護人員告訴個案其診斷，這種現象代表的意義是什麼？是家屬本身對此診斷的難以承受或是其他因素的影響？Giacquinta 指出癌症不只是對其個人，對其家庭的完整都造成傷害，因此癌患的家屬也需要協助，以渡過此危機。關於該如何告訴病人診斷，Gerlie、Lunden 與 Sandblom（1960）曾做一項研究，將一〇一位癌患分成兩組，一組醫師對其病人及家屬說實話，另一組醫師只與家屬討論診斷，而且彼此說定不告訴癌患實情，結果發現，在剛開始時，前一組呈現相當多的情緒反應，後一組則相安無事；但是在後來的追蹤研究發現，後一組的臨終心理困擾，要比前一組多，且難以處理。吳仁輝等（1989）的研究指出 66.93% 的癌患者獲知自

己得癌症後，能夠心情很坦然。

本文中之癌患家屬拒絕讓患者知道診斷，醫護人員就避免與個案談其診斷，而個案早就在猜疑中過日子，經歷與此癌患會談過程，發現病人與家屬間由相互偽裝進入開誠布公，使我們認識到，照顧癌患時，關於其診斷的告知，已不是告不告訴的問題，而是我們該如何告訴她。此時，需要醫護人員與病人及家屬共同坐在一起，討論這件事，不僅注意病人的需要，同時了解家屬的困境，促使大家共同應付此危機，將是我們努力的方向。

(二)醫護人員的角色

關於如何告訴癌患其診斷，除了先要了解癌病患者的心理歷程，能接納其情緒反應，在告知的過程中，可以運用危機處理（crisis intervention）的理論來進行。此包括三個部分：(1)癌患及其家屬對癌患身體狀態的知覺（perception），例如詢問其住院的理由，了解其對癌症的看法，或是提供正確的訊息等。(2)癌患及其家屬的適應方式（coping skill）。了解其面對困境的方式，或是協助學習新的適應方式，如，個案的姊姊是以逃避的方式面對妹妹的詢問，護士可以做個示範（role model），即在姊姊面前回答個案的問題，使其了解另一種處理妹妹詢問的方式。(3)環境中的支持者或資源（situational support），如個案的嫂嫂、先生是她很大的精神上支

柱，我們可以鼓勵他們繼續此角色，其經濟上可由勞保局或夫家提供資助，其姊姊可在住院生活起居給予協助，如果當其生活周圍尚未有合適的支持者，護士可以擔任此角色，傾聽其憂慮，協助其以合理的方式面對困境，如，在其自訴考慮放棄治療之後，促其回到現在的立場，考慮先生的意見等。

(三)照顧者的心得

　　最初接觸是看到病歷上記載著：「……病人家屬要求，不能告訴她診斷……」當時心中浮現出一些問題：「一個人沒有權利知道自己的診斷嗎？」「人是不是期望活得自主些？」「當一個人受到環境善意的保護，她快樂嗎？」「當一個人處在這種善意的保護的狀態下，護士能做些什麼？」基於這些問題，在照顧的過程中，學習到：她是期望知道自己的診斷，雖然事實讓人痛苦；她是需要環境中的支持，這樣，她可以繼續奮鬥下去。

參考文獻

中文部分

吳仁輝、連熙隆、徐雪一（1989）。**癌症病人與家屬意見之調查**。中華民國癌症醫學會第五屆第一次學術演講大會論文摘要（頁 26）。台北：中華民國癌症醫學會。

沈楚文（1982）。絕症病人的臨床照應。**臨床醫學，13，**351-60.

馬桐齡、王桂芸（1988）。**護士對瀕死病人態度之探討**。行政院國家科學委員會專題研究計畫成果報告。台北，國防醫學院，7 月。

高尚志、沈建業、葛魯蘋（1989）。**醫師對癌症病人的態度**。中華民國癌症醫學會第五屆第一次學術演講大會論文摘要（頁 25）。台北：中華民國癌症醫學會。

陳彰惠（1982）。探討癌症患者之家屬對「告訴病人真相」的態度。**護理雜誌，29**（3），29-38。

西文部分

Aldrich K. C. (1963). The dying patients grief. *The Jouranl of the American Medical Association, 184,* 329-331.

Donald O. (1961). What to tell cancer patients: A study of medical attidude. The dying patients grief. *The Jouranl of The American Medical Association, 175,* 1120-1128.

Giacquinta B. (1977). Helping family face the crisis of cancer. *American Journal of Nursing, 777,* 1585-1588.

Glaser B. G., & Strauss A. L. (1966). *Awareness of dying.* Chicogo: Aldine Publishing company.

Yalom I. D., & Greaves C. (1977). Group therapy with the terminally ill. *American Journal of Psychiatry, 134,* 396-400.

議題四

探討不施予心肺復甦術的倫理議題

▶▶蔣欣欣、彭美慈、余玉眉、蘇逸玲

▌摘要

　　本研究旨在探究護理人員面對不施予心肺復甦術所遭遇的困境，以質性研究之焦點團體訪談蒐集資料，進行十四次焦點團體，每次團體進行時都以分享《醫院裡的哲學家》一書的內容為開端，參加團體的護理人員共計十一人，每次團體人數五至十人。團體及訪談資料轉成文字後，以繼續比較分析找出各項主題。內容分析分別找出㈠家屬方面：對不施予心肺復甦術意義的誤解、救與不救間的矛盾。㈡醫護人員方面：自身預設的立場、告知責任的歸屬、告知內容的可理解性、告知的時機。最後討論照顧臨終病人面臨的由誰告知、告知什麼、何時告知、如何告知等專業態度。

關鍵字：倫理困境、不施予心肺復甦術、焦點團體、抉擇

▌一、不施予心肺復甦術的內容與現況

　　不施予心肺復甦術（do-not-resuscitate, DNR）是近年來較被關注的一項醫療處置。此處置的出現是基於讓病人尊嚴地邁向人生的終點，認為延長好的生命品質才有意義；醫護人

員不需要對所有病危的病人，都進行一套「儀式化」的心肺復甦術（cardiopulmonary resuscitation, CPR）（趙可式，1996），對於罹患不可治癒的末期病人不需給予不必要的急救措施。心肺復甦術是一項急救技術，包括口對口人工呼吸、體外心臟按壓；在醫院中較藉用醫療儀器幫助病人恢復心肺功能，包括氣管內插管、體外心臟按壓、急救藥物注射、心臟電擊、心臟人工調頻等。不施予心肺復甦術，意旨不實行上述醫療處置，但不是放棄對病人的照顧。

　　DNR醫囑的產生是科技社會與人類文明交織下的結果。醫護人員重要的責任是維護生命，也因此不斷創新發展新的醫療科學技術；目前的醫療技術，也許可以讓無法治癒的末期病人，靠著呼吸機或是藥物，維持著生命，但是生命的品質卻未被考慮。因此，疾病末期時，病人只好讓機器運作，維持自己身體的基本生存，讓形體在世上多停留一些時日。雖然，有時這種停留對生者與瀕死者都有重要的意義。但是，時常這種停留只是造成瀕死者的苦難，忍受更多身體的痛苦。所以，醫療社群反省到，人生必然存在一些苦難，但是因科技發展而延長苦難是否必要？

　　台灣的醫護團體注意到，醫師法與護理人員法中對生命急救的規條，阻礙臨終的病人得到合宜的照顧（趙可式，1996）。因此推動「安寧緩和醫療條例」於 2000 年 5 月 23 日立法院三讀通過，同年 6 月 7 日正式實施（陳榮基，2002）。條例中指出需要尊重罹患無法治癒之末期病人的權益，可以

依其意願拒絕接受心肺復甦術。「安寧緩和條例」第七條條文的說明：第一項規定不施行心肺復甦術，應由二位醫師診斷確為末期病人，並取得同意書；及條文第八條：醫師為末期病人實施安寧緩和醫療時，應將治療方針告知病人或其家屬。但病人有明確意思表示欲知病情時，應予告知。因此在臨床上，對於末期病人應要說明其病情，若病人同意不予急救，請其簽署「預立不施行心肺復甦術志願書」。

「安寧緩和醫療條例」，雖然指出需要尊重罹患無法治癒之末期病人的權益，可以依其意願拒絕接受心肺復甦術。但是，已經接受呼吸器等維生系統的病人，則無法撤除或終止呼吸器等維生系統。因此，於 2002 年完成「安寧緩和醫療條例」修正，在安寧緩和醫療條例中增列「撤管條例」──即已接受心肺復甦術的末期病患，若要求進一步撤除或終止呼吸器等維生系統，必須經二名醫師診斷為末期患者，或病患意識清楚表明撤除意願，或曾立下志願書，才可撤除。

雖然法律明文規定，對於無法治癒末期病人的急救原則與措施，但是執行的時候，仍然遭遇不少困難。第一線的護理人員尤其感到當這項處置沒有被適當的說明，很難讓病人或其家屬產生客觀的抉擇（Ravenscroft & Bell, 2000; Thibault-Provost, Jensen, & Hodgins, 2000）。此外，面對終止生命的抉擇歷程，無論是病人、家屬、醫護人員都面臨價值與人際間的衝突，以及不確定性（Larsen, 1999; Long, 2000），同時，照顧不同的年齡對象，醫護人員處理DNR的方式也不同，對

於小兒科的病人，護理人員傾向於比較考慮家人的立場（Street, Ashcroff, Henderson, & Campbell, 2000）。因此這項抉擇是條漫長且複雜的路，需要有人一路相伴，不是一蹴可及的（Hiltunen, Medich, Chase, Peterson, & Forrow, 1999）。

　　台灣的醫療環境，除了科技的發展，也已注意科技對生命的掌控，反思生命的品質、急救對臨終病人的意義。實行臨終急救措施，表面上，這是個人的抉擇，或只是執行一項醫囑，但實際上卻涉及醫療之外的社會、倫理、法律面，以及個人對生命的觀點與對死亡的看法。因此，本研究要探討臨床護理人員面對執行不施予心肺復甦術時所遭遇的困境，以便於思考未來努力的方向。

二、研究方法

　　本研究採用質性研究法，以焦點團體方式蒐集資料。

(一)研究對象

　　焦點團體於某教學醫院病房會議室舉行，參與者來自四所醫院的護理人員，主要是工作於感染科、精神科、腫瘤科病房。團體每週進行一次，每次團體進行七十五分鐘，共舉行十四次。研究者擔任團體催化員帶領討論，有十一位護理

人員參加，每次團體人數五至十人，護理人員年齡範圍 31±8 歲、工作年資範圍 8±8 年，學歷皆大專以上畢業。

(二)資料蒐集與分析

研究者本身即為團體帶領者，親身參與資料蒐集，增加對資料的理解與詮釋能力。以非結構式的開放性方式進行，引導護理人員在自在的情境中，談談自己的照護經驗。為促進團體對話的進行，以讀書會的方式進行，選用討論醫院倫理議題的《醫院裡的哲學家》一書，作為暖身活動，每次團體進行六十至七十五分鐘，開始時約有十五分鐘的讀書報告與討論的時間；之後，正式討論自身目前工作遭逢的困境。焦點團體資料蒐集時，取得團體參與者同意，採用現場紀錄及事後錄音轉錄的方式。對於需要深入了解的部分，經過參與者同意後進行事後訪談。團體及訪談資料轉成文字後，以繼續比較分析找出各項主題。

採用繼續比較法（constant comparative analysis）用於團體互動過程內容之分析，以團體對話為分析的主體，研究者對不同型態的團體互動過程，反覆地聆聽、重新閱讀記錄，初步內容分析時先找出每次討論之主題，及主題間的流動過程，再找出相關內容，進行比較加以歸類，形成項目主題包括面對家屬方面，以及醫護人員方面。將相關的案例依此再次歸類整理，找出具代表性的案例於結果中呈現，初步分析

結果內容合適性繼續進行項目間比較，最後修正完成定稿。

　　關於研究的嚴謹度方面，研究者本身具有帶領團體的豐富經驗，且成員均為具有照顧病人之經驗，能夠引發團體成員訴說照顧的困境，促進資料的確實性（credibility）；定期完成團體紀錄及研究者個人的田野日誌，選取厚實的資料與研究團隊討論審閱，確定研究的一致性（consistency）；同時，研究者親身參與資料的蒐集，與團體成員建立信賴關係，重視研究對象的主觀經驗與真實世界，增加研究的原質性（confirmability）（陳月枝，2000）。

㈢研究倫理考量

　　為了尊重團體參與者的隱私，研究成果呈現時，保護所有參與者的個別身分，無法由研究結果中被指認出來；同時，錄音內容與轉錄完成後即銷毀，研究資料也僅限於研究小組成員分析使用。

三、實施 DNR 的倫理困境

(一)家屬方面

1. 對 DNR 的誤解

家屬誤認為簽署不施予心肺復甦術的志願書，就是準備後事。

一位護理人員提及其經驗，「那個婆婆（病人）有稍微不好一點啦！然後也是講 DNR 的事情，然後他們也是 sign 了，然後 sign 的時候他們家屬就幫她換壽衣，幫她放佛樂，然後披上一張那種黃色的往生被，因為家屬一直就認為她現在就會死了，都 prepare 好了，可是就過了兩三天之後，她才斷氣這樣子。」

當病人決定在生命最終的時刻不要被急救，也就是當他簽署不予急救的意願書，這不是意味他需要停止一切照顧。反而需要將照顧的重點由維持生命的延續，轉為保障人生最終時刻的生命品質。一位護理人員提到，「sign DNR 只是最後一個形式，我覺得對一個癌末或是預後不好的病人，其實有一些緩和醫療的概念可以帶給病人或家屬。」

由上述案例顯示簽署 DNR 時病人及家屬並不清楚其意義，需要醫護人員的解釋；另一方面緩和醫療的概念，是指停止一些無效的醫療處置，轉而照顧身體的疼痛與不舒適，促進病人與家人及親朋好友間的溝通，達到舒適與平安的生命狀態。顯示出透過不施予心肺復甦術的處置，是個可以幫助病人與家屬轉化個人生命經驗的機會，但是醫護人還有許多努力的空間。

2.救與不救間的衝突

通常病人與家屬對簽署不施予心肺復甦術時，出現救與不救間的衝突，可分為三種情形：

家屬自身心態的矛盾：「當時他實在是覺得媽媽情況不好，可是後來又看媽媽知道自己叫他，實在是不忍心讓媽媽這樣子走了，所以最後還是決定讓她插管子，之後覺得她媽媽太痛苦了，覺得後悔要拔除……。」

家屬與病人之間意見不同：「那病人知道自己預後不好，所以簽了DNR，差不多一兩個禮拜之後，病人呼吸真的是變差了，在那天晚上他太太不捨得，就同意給病人插endo；然後第二天，兒子來看到爸爸被插管以後，就不原諒他媽媽，然後太太又看到自己的先生被插管後的情形，非常非常的覺得自己錯了」。雖然，後來病人是回到家裡才過世，但參與這個家庭的護理人員擔心「這對母子相處是不是會有一個難解的心結存在？」

家屬與家屬之間衝突，病危病人的家屬意見不同，有個兒子極力反對放棄急救，因為「媽媽有跟我說，她兩千五百萬的遺產裡面有多少錢要給我，可是沒有其他兄弟姊妹都聽到！」

上述案例顯示，處理DNR醫囑，是一種持續性互動的歷程，其中涉及價值觀、人際關係、家庭互動、悲傷輔導等重要的議題。

(二) 醫護人員方面

1. 自身預設的立場

醫護人員自身原有的立場，影響不施予心肺復甦術處理的方式，一般醫護人員習慣於維持生命，一位護理人員提到「站在我們醫療立場，還是希望說能夠延長他的生命，然後在他自己還沒有表態，說他需要什麼樣子的生命品質的時候，我們所能幫忙的就是救他……。」有時，急於搶救，是擔心法律糾紛：「到底要不要救，醫院都會採取比較保守的立場，因為擔心會被告，所以還要救。」

一位護理人員省察到自身先前存有的不同立場：「假設我們預設立場，抱著一個希望他簽DNR的心態；或是以一個比較客觀的立場，提供他兩面的意見，讓他自己去做這決定。」她接著反省到「這兩種不一樣的心態，解釋（DNR）

會不會有不同？」

2. 告知責任的歸屬

　　基於病情告知屬於醫師的職責，同時不施予心肺復甦的簽署，是在醫師的處方下進行。但是，實際上執行卻是相當模糊不清的，一位護理人員提到其經驗，「醫師不會直接叫病人或家屬填DNR，也是透過社工，因為他會認為說，我們是醫療團隊嘛！他說有的治療如果說透過社工的話可能比較好一點……。」

　　理論上告知病人之前，應先經過心理諮商評估，在制度尚未健全下，告知責任往往落在跟病人關係密切的護理人員或社工人員肩上，「說一句實在的話，今天也沒有所謂的心理諮商師嘛！所以醫師反而有時候就把這樣的決策丟給我們護理人員來做決定。」一位護理人員質疑這樣告知的程序，「其實如果真的要 sign DNR 的話，是不是這樣子就可以 sign 了？還是說需要醫師去跟他談過，還是說隨便一個護理人員跟他談過，只要他願意 sign 就好了。」而且當病人無法做決定時，醫護人員也會掙扎自己是否有如此大的決定權。

3. 告知內容的可理解性

　　不施予心肺復甦術的告知過程中，醫病或護病之間，若缺乏相互的溝通與理解，就會產生誤解與焦慮：「我有聽過住院醫師解釋得很不清楚，就是完全聽不懂！家屬聽完之

後，根本一頭霧水，然後快要昏倒，好像他的寶貝兒子要被放棄，家屬就很焦慮到底要不要用藥，到底要不要插管？」此時護理人員的角色就成為溝通的媒介，來調節已發生的衝突。一位護理人員觀點是：「護士可以跟醫療團隊先討論看看，我們這麼覺得，那你覺得呢，如果你也這麼覺得，那是不是要放一點風聲告訴他，對！然後你如果只是先跑一點訊息，我再來詳細解釋也可以。」

護理人員因能敏銳地觀察到病人的處境，因此能即刻解除病人對不施予心肺復甦術的誤解，是促進醫病溝通的重要人物。

4.告知的時機

被告知簽署DNR時，病人需要了解自己身體的狀況，以便在充分的資訊下，完成自主性的抉擇。當病人陷於病危，無法充分的溝通與思考，很難達成這樣的抉擇時，就請家屬簽署。但是何時告知簽署才合適？一位護理人員觀察同事在病人狀況不是很好的時候，詢問家屬簽立DNR的意見，引發她思考：「在臨床上我們到底要在什麼的時機，該跟病人討論這樣的問題……」；進而討論到家屬的立場：「……給他一段時間去考慮，臨時要急救的時候，問家屬要不要救；其實，換成我是家屬，我都會說要救，因為那一時間剎那間的反應，怎麼樣一下子反應不過來，會覺得那是個很嚴重的問題。」

告知時間點及病況不同，都會影響病人與家屬的決策能力。

四、DNR 的告知

不施予心肺復甦術的處置是基於尊重生命與維護病人尊嚴，但此處方直接涉及生命存活的執行，就增加執行的複雜性，是需要多方面的考量，包括醫療指標、生命品質、病人意願、生活脈絡背景（Jonsen, Siegler, & Winslade, 1998）。具體而言，考量的依據為心肺復甦術是無效的，即雖然此次救回，但不久又會心肺衰竭、病人的意願、救回之後病人的生活品質（Jonsen, Siegler, & Winslade, 1998）。使用這個技術涉及專業、倫理、法律、機構層面，而且作抉擇時，需要考慮病人的自我決定力、自主性、尊重個人等倫理原則，同時也考量照顧者、醫護專業人員、宗教法律倫理界人士和其他相關人員的介入。醫療單位制定的相關政策，其內容應包括使用不施予心肺復甦術的時機與理由、由誰做決定或寫下處方、如何記錄不施予心肺復甦術以及記載的地方、需要多久更新不施予心肺復甦術的狀況、由誰統管不施予心肺復甦術的決定、以及在什麼情況下有哪些病人與家屬需要簽署的文件、如果病人不能決定，誰可以為病人做決定（CHA, CMA, CNA, & CHAC, 1995）。關於病歷上記載不施行心肺復甦術

的處方，同時也應將病人病情的進展，與其他相關人員討論的摘要記在病歷上，並且定期更新處方，如果病人改變意願，可以更改處方（Jonsen, Siegler, & Winslade, 1998）。

填寫不施予心肺復甦術的同意書，是目前處理臨終不予急救的依據。雖然，這種以契約型態的決策模式，是現代社會的產物，用來擺脫早期醫師權威的保護主義風格，並取代消費者過於抬頭而忽略專業的決策型態（Hamilton, 2001; Jonsen, Siegler & Winslade, 1998）；但是，執行時經常遭遇一些困境。處於一個避免談論死亡的社會文化，邀請病人認識不施予心肺復甦術或是填寫同意書，都是很難啟口的話題。有時，儘管病人或家屬同意填寫，之後，真的需要執行此種處置時，又出現不同的意見；或是沒有家屬的患者，該如何決定簽署不施予心肺復甦術的同意書等情形，是需要繼續探究的議題。

護理人員處理DNR的議題時，面對病人或家屬的需求，要了解病人如何對待病情、如何帶著病情繼續活在世界裡等現象（許禮安，2002），需要在由誰告知、何時告知、告知什麼、如何告知四方面進行更多的探究。

(一)由誰告知

簽署不要急救同意書的告知過程，團隊合作是相當重要的。醫師在執行此處置時，扮演相當重要的角色，需注意來

自環境中的訊息，包括病人、家屬、其他工作人員；除了要對病人表達出來，還要不讓病人覺得被放棄，是一項頗為困難的任務；護理人員由於較長時間與病人及其家屬接觸，比較了解如何與其溝通，能夠促進病人、家屬、醫療小組間的互動，幫助當事人了解自己的處境做適當的選擇（Thibault-Prevost, Jensen, & Hodgins, 2000）。研究亦指出，護理人員認為他們本身最重要的角色在於，他們「清楚」何時病人或其家屬可以做施行不施予心肺復甦術與否的決定（Jezewski & Finnell, 1998）。

　　病人的生活世界裡，醫師與護理人員具有不同的角色功能。醫師常被刻劃著一種權威者的角色，偶而出現在照顧情境中，與病人間的關係比較像父親，直接具體地提供指令；護理人員一方面了解來自醫療的訊息，另一方面了解病人的語言，由於時常與病人接觸，可以像一個常在身邊、包容一切的母親，又像可以隨時談心的手足，是比較容易訴說抉擇困境的對象。

(二)何時告知

　　通常告知不施行心肺復甦術的時間因人而異，較佳的時機是：病人有意願想了解自己病情時、病人能夠存活兩個月的機會少於 50%時、或是年齡超過七十五歲以上的病人（The SUPPORT, 1995）。國外有些醫院或長期照顧機構，為尊重病

人對自己生命的決定權，將不施行心肺復甦術成為病人入院評估的項目之一。病人入院時，就可以有機會與工作人員討論這個議題，如此可以避免當病情惡化無法表達意願時，難以決定需要急救與否的困境，但此前提是，能夠充分討論同意簽署 DNR 所遭遇的各種情況。

(三)如何告知

告知DNR的議題，除了由誰告知、告知時間之外，如何告知是重要的部分，畢竟要傳達不好的消息是很難啟口的。直接請病人或家屬簽署DNR是非常不合人情的，因此，談話的主題，可以由當下身體的狀況開始，再論及心情感受，接著談對未來的想法，此時即可涉及 DNR的議題。研究者個別訪談一位護理人員注意到，當他觀察到病人的身體每況愈下之後，在執行日常護理照顧活動時，就與病人聊天，先詢問他現在身體的感受，再與他談及生命的觀點，過程中也透露一些專業經驗中觀察到的疾病流程，最後談到心肺復甦術的內容，同時介紹病房中一些經過急救後使用呼吸器維持生命的個案，在照顧病人日常生活的工作中，自然地提供相關的訊息，讓病人在得到充分的資訊後，才考慮自己要作什麼選擇。當護理人員知道病人考慮之後的決定，可以再與醫師討論。

同時，不施行心肺復甦術的處方，應讓參與照顧的其他工作人員都要知道。另外，讓家人參與告知的過程，有助於

促進病人與親人間的溝通，共同面對一些抉擇。

當病人出院後，又帶著這個處方回到急診室時，可以讓家屬主動告知急診室的人，以免接受不需要的治療。

㈣告知什麼

研究結果中顯示，病人誤認為簽署不急救的志願書，是宣告死亡，或是醫師要放棄對他的治療，所以應告知當事人身體狀況以及可能的處理措施，讓病人了解自己狀況，決定自己是選擇或拒絕急救，以及對生活的安排。告知內容也要讓家屬知道，否則若家屬不同意病人的意見，或是家屬隱瞞病人病情，最後病人陷入昏迷，家屬之間為病人病情起衝突、爭執，就更難處理。

清楚的告知病人及家屬，對醫護人員本身也是非常重要的學習經驗，研究指出，如果年輕的醫師能夠對病人及其家屬清楚解釋DNR以及考慮涵蓋的倫理處境，就能夠真正了解此醫囑的意義，同時，也比較認同病人可以參與決定（Perron, Morabia, & Torrente, 2006）。

此外，一般認為老年必然邁向人生終點的觀點，也會影響告知內容。一個關於使用不施予心肺復甦術的價值議題研究，指出老年病人使用不施予心肺復甦術醫囑的頻率比其他年輕病患高出許多。根據美國 SUPPORT 的研究結果顯示，一千名的重症老年患者，只有將近四分之一的人曾親身和他

（她）的醫師討論在疾病進展必要時，是否執行心肺復甦術，Ebrahim（2000）認為可能是醫師在面對老年病患時，其本身已存在著「老年歧視」（ageism）（Cherniack, 2002），顯示出專業人員對生命價值的觀點影響自己照顧的態度。因此，專業養成教育中，需要學習意識個人價值、信念；當面臨照顧措施的抉擇時，更要小心檢查自身的價值觀是否會影響照顧策略（蔣欣欣、余玉眉，2001；蔣欣欣、張碧芬、余玉眉，2001；蔣欣欣、陳美碧、蔡欣玲，2003；Chiang, Lu, & Wear, 2005）。為了避免自身的盲點，需要整個醫療團隊的討論，共同找出對病人最合適的照顧模式，所以醫院中病人臨終照護倫理困境決策會議的存在，是非常必要的。經由這樣對話的機會，避免自我膨脹的傲慢，醫護人員由照顧經驗中，整理自己的價值觀，學習理解他人的立場（蔣欣欣，余玉眉，2001；蔣欣欣，2002）。對於倫理議題的討論，時常需要第三者的介入，此時，醫院設立「醫事倫理委員會」就扮演居中協調的角色（SHHV-SBC, 2002），同時也提供醫護專業人員學習的機會。

五、結論

處理不施予心肺復甦術的醫囑，顯示出團隊合作的重要性。團隊包括醫護人員及家人，醫師評估病人的生理指標，

護理人員持續觀察病人的情況，家屬介入醫囑的抉擇。護理人員擔任病人的代言人，執行不施予心肺復甦術時，可以促進家屬、病人以及醫療人員間的的溝通。家屬對不施予心肺復甦的內容並不清楚，常在救與不救間的掙扎，因此，呈現出以家庭為中心照顧的重要性。當家人面臨死亡，家庭不知如何面對與處理，必然出現危機，此時周圍人物的幫助，可以化危機為轉機，促進對生命價值與意義的重新思考以及家庭關係的連結。醫護人員有幸參與一個家庭發生的重要生活事件，透過對處理不施予心肺復甦術醫囑的討論，理解病人與家屬彼此的經驗、信念、價值、意願，有機會促成雙方有效的對話，提升照顧的品質。

照顧過程中，除了考量病人與家屬的意願，也要時常由行動中反省醫護人員自身的價值、信念、經驗與意願。明白自己的行動受到什麼因素影響，自己又如何由與每一個生命的接觸中學習。不施予心肺復甦術醫囑的執行，經由落實在告知前評估、告知時機、告知方式、告知內容等現象，可以開展出生命相互激盪與成長的空間。

誌謝

本研究接受榮總清大陽明合作研究計畫（VTY91-P5-40）經費補助得以完成，感謝參與研究的護理人員真誠的分享。

參 考 文 獻

中文部分

許禮安（2002）。病情世界初探——由病情告知談起。**安寧療護雜誌，7**（3），239-251。

陳月枝（2000）。**護理研究方法**。台北：護望

陳榮基（2002，1月31日）。安寧緩和醫療條例宣導。**安寧基金會**。http://www.hospice.org.tw/ relax/about_main.htm

趙可式（1996）。臨終病人照護的倫理與法律問題。**護理雜誌，43**（1），24-28。

蔣欣欣（2002）。由護理實踐建構倫理進路。**護理雜誌，49**（4），20-24。

蔣欣欣、余玉眉（2001）。護病間的互為主體性。**國立政治大學哲學學報，7**，307-322。

蔣欣欣、張碧芬、余玉眉（2001）。從護理人員角色的創造探討護理倫理的實踐。**哲學雜誌，37**，88-103。

蔣欣欣、陳美碧、蔡欣玲（2003）。建構照顧情境中專業自我——自身與他者之間。**本土心理學研究，19**，201-226。

西文部分

Canadian Healthcare Association (CHA), Canadian Medical Association (CMA), Canadian Nurses Association (CNA), & Catholic Health Association of Canada (CHAC) (1995). Joint statement on resuscitative intervention. *Canadian Medical Association Journal, 153,* 1652A-1652C.

Cherniack, E. P. (2002). Increasing use of DNR orders in the elderly worldwide: Whose choice is it? *Journal of Medical Ethics, 28,* 303-307.

Chiang, H. H., Lu, Z. Y., & Wear, S. E. (2005). To have or to be: Ways of caregiving identified during recovery from the earthquake disaster in Taiwan. *Journal of Medical Ethics, 31,* 154-158.

Ebrahim, S. (2000). Do not resuscitate decision: Flogging dead horses or a dignified death. *British Medical Journal, 320,* 1155-1156.

Hamilton, J. B. (2001). The Ethics of end of life care. In B. Poor & G. P. Poirrier (Eds.), *End of life nursing care* (pp. 73-103). MA: Jones and Bartlett.

Hiltunen, E. F, Medich, C., Chase, S., Peterson, L., & Forrow, L. (1999). Family decision making for end-of-life treatment: the support nurse narratives. *Journal of Clinical Ethics, 10,*

126-134.

Jezewski, M. A., & Finnell, D. S. (1998). The meaning of DNR status: Oncology nurses' experiences with patients and families. *Cancer Nursing, 21,* 212-221.

Jonsen, A. R., Siegler, M., & Winslade, W. J. (1998). Indications for Medical Intervention. In J. Dolan & P. McCurdy (Eds.), *Clinical ethics—A practical approach to ethical decisions in clinical medicine.* (Forth ed., pp. 13-45). New York: McGraw-Hill.

Larsen, G. (1999). Family members' experiences with do-not-resuscitate. *Journal of Family Issues, 20,* 269-289.

Long, S. O. (2000). Living poorly or dying well: Cultural decisions about life-supporting treatment for American and Japanese patients. *Journal of Clinical Ethics, 11,* 236-259.

Perron, N. J., Morabia, A., & Torrente, A. D. (2006). Evaluation of do not resuscitate orders (DNR) in a Swiss community hospital. *Journal of Medical Ethics, 28,* 364-367.

Ravenscroft, A. J., & Bell, M. D. D. (2000). "End-of-Life" decision making within intensive care-objective, consistent, defensible? *Journal of Medical Ethics, 26,* 435-440.

SHHV-SBC Task Force on Standards for Bioethics Consultation. *Discussion draft of the SHHV-SBC Task Force on Standards for Bioethics Consultation.* http://www.mcw.edu/bioethics/DISDRFT4.html.2002/6/25

Street, K., Ashcroff, R., Henderson, J., & Campbell, A. V. (2000). The decision making process regarding the withdraw or withholding of potential life-saving treatments in children's hospital. *J Med Ethics, 26,* 346-352.

The SUPPORT (1995). A controlled trial to improve care for seriously ill hospitalized patients. *JAMA, 274,* 1591-1598.

Thibault-Provost, J., Jensen, L. A., & Hodgins, M. (2000). Critical care nurses' perceptions of DNR orders. *Journal of Nursing Scholarship, 32,* 259-265.

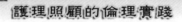

議題五

生命成長的展現——「護理專業問題研討」課程之迴響

▶▶蔣欣欣、馬桐齡

假若教育的目標是在培養健康的國民，那麼擔任教育者角色的我們如何負起這樣的責任？假若護理教育是在培養一個能夠給予關懷、促進他（她）人健康的人，那麼在過程中學生是如何地成長？本研究目的是經由「護理專業問題研討」的課程來觀看生命的成長。

一、關懷與教育

在大學護理學系的課程中，除了有限的人文課程之外，老師在設計專業課程時，是需要考慮其中存在的人文精神（李明明，1933），尤其護理學是屬於人性化的科學，乃經由所呈現的去了解整體，不同於傳統實證科學的經由部分以認識整體（Smith, 1994），是一種對生命的終極關懷（杜維明，1990）；多位護理學者指出關懷是護理專業裡相當重要的特質（余玉眉，1986；Benner, 1984, 1989; Leininger, 1981; Bevis, 1993; Swanson, 1992, 1993）；在護理教育的歷程裡，這個部分是需要經由個人內在生命的體認，才能轉化出來（transformation），很難僅經由知識上、技術上的傳授去達成，知識與技術只是得到經驗的工具（Benner, 1984），有研究指出在精神衛生護理學實習的課程中，發現學生經由病人的反應（鏡子）照現自己，造成生命的轉化（Sheu, 1992），其研究是針對實習的部分。但是課室內的活動該如何安排才能觸發

學生的成長？

　　一般正式課程的目的是認知，而存在其中的潛在課程（hidden curriculum）會影響學生態度、感覺、價值（陳伯璋，1992），以考試導向的學習，常造成同學間的競爭、師生關係的緊張，就較難產生引發成長的談話（empowering conversation），這種對話，在引發思考、培養判斷力的學習是相當重要，因此敘事性的對話（narrative dialogue）將是二十一世紀新的教育學（pedagogy）（Diekelmann, 1992）。另有學者認為師生之間有思想的、繼續的書面性回饋（writing-to-learn, WTL），可以使老師進入學生的思考過程，此時老師是學習過程的主動參與者（active participant），而不只是在評值判斷學生的成果（Lashley & Wittstadt, 1993）。

　　老師可以創造出一個關懷氣氛的學習環境，如同護士營造促進病人復癒的關係（healing relationship），其中活化了希望、找到彼此了解的語言、幫助使用社會資源（Benner, 1984）；教學活動的師生互動，類似護病間的關係，要考慮希望、了解與社會（顧忠華，1993）。因此，進行課程設計時，必須考量老師與學生所處的社會，在其中開放出生命的自由與人格的平等。關於自由，西方學者 Taylor 也指出人擁有的是情境的自由（situated freedom），不是完全的自由（radical freedom）（Benner, 1989）；另外，老子的「生而不有，為而不恃，長而不宰。」是開放出生命的自由，即天地滋潤萬物，使其自然茁壯（無不為），其中天地並不居功，不要

求（無為）；另外，在《莊子》〈齊物論〉提到「天地與我並生，萬物與我為一。」（張默生，1973；王邦雄等人，1989），展現的是眾生平等，人格的平等。在現代價值重建的過程裡更需要；對「人」存在意義的尊重、個人與群體關係取向的調整、包容並納的心胸。

中國思想是著重生命與德性、重實踐（牟宗三，1975），由內在超越的觀點發掘「自我」本質（余英時，1990），然而現代化的社會裡，常以知性化、理性化來看待世界，著重可計算性，工作不再是表現人性的場所，卻是埋沒人的想像力、創造力及自發性的地方（石元康，1992）。在這個時刻裡，關懷生命，表現人性發揮創造力，是護理教育者的重要任務。

二、研究方法

筆者以老師的身分，進入這個教學情境之前已有十一年以上擔任此課程的經驗，原為一學分的課程，目前開始改為兩學分，屬於必修課程，逢此交替轉變之際，我們更有興趣於省思自己與學生曾有的互動，目的在了解這樣的課程設計，對學生發生什麼樣的影響？老師在其中有哪些的成長？

(一)課程介紹

　　本課程為研討性質，設置於護理學系四年級，此時期學生面臨畢業，需要對自己的過去做整理，可以知道本身的能力；也需對未來有些思考，增強日後的適應。學期的第一堂課，發給同學課程大綱時，除了介紹課程目標、進行方式、評值方法等，主要在說明討論範圍，共列出八項，其中三項（性騷擾、生涯規劃、團體互動評析）是這學期課程新增的。之後，學生根據個人興趣，決定自己討論的方向及題目（表 1）。由於學生都修過精神科護理學，了解且經驗到團體動力，因此安排四次團體討論的時間，四十七位同學在約二十坪的平面廳室中，每六至八人圍成圓圈形成一組，共有七組，每組自行選定組長，根據第一次課堂上選定的題目，進行小組討論，同時有一位同學擔任觀察員，此時。兩位老師分別擔任引導者（facilitator），依學生需求介入不同的討論。之後，有七週時間在護理學系的視聽教室，由每組分別提出四十至五十分鐘的報告，以及約六十分鐘的討論與講評。關於學生參與的情形，以小組討論最頻繁（每位同學都能表達或聆聽當時的內容）。另安排有蒐集資料的時間，鼓勵同學實地訪問參觀所欲探討的領域。

表 1　呈現的議題

---

1. 性騷擾——護理人員因應之道
2. 淺談 ICU 護理人員對壓力的調適方法
3. 看誰在說話——關於護理人員法第三十七條
4. 軍護生涯規劃
5. 生命的故事——談護理人員臨床倫理問題
6. 蛻變——護生到護士之轉換過程與調適
7. 護理機構——談護理之家

(二)資料的蒐集與分析

　　基於研究者想了解學生的成長變化，故設計兩項開放式的問題：(1)請寫下我最喜歡的題目，喜歡的理由是什麼？(2)整個過程中我學到什麼？請學生於課程結束後一週內以文字回答敘述自己的故事，此份資料、課堂討論紀錄以及課程大綱，是為本研究進行分析的依據。分析資料之前，研究者先評析自己對學習的觀點（deconstruction），再捕捉（capture）資料中的現象，先對該現象存而不論（bracketing），去思考每個現象的本質，再歸類建構（construction）這些現象，最後將建構的意義回歸原有的自然情境（contextualization），形成整體的架構，並依據架構統合文獻與資料的部分，進行繕寫（Denzin, 1989; Riessman, 1993; Miles & Huberman, 1994）。由於研究者浸潤此課程多年，對其中的學習已有些想法，但

為更深入認識學習者的世界，在研究過程中常作自省的自我對話（Addison, 1989）；為提高分析結果的可靠度，筆者不僅採用正向的資料，同時引用負向的資料，以促進資料的真實性；此外，筆者除請同仁審視資料，並將資料分析結果回歸於學生，了解其回饋，以增加資料的可審核性與適合性（Miles & Huberman, 1994）。以下將介紹 1993 年 12 月至 1994 年 5 月之間發生的學習行為。

三、成長的歷程

研究者不斷比較蒐集的資料，找出學習者變化的過程。包括三部分：豐富的園地、自我觀照以及生命的轉化。

(一)豐富的園地

豐富的園地，意指其擁有的學習環境，在空間上，包含課程本身及課外環境中的人事物；在時間上，包括課程進展的當時及過夫的學習經驗。

同學蒐集資料過程中，基於過去的學習經驗，各組同學依其需要分別訪問環境中不同的對象，包括身邊的同學、學妹到畢業的學姊、護理界傑出前輩，以及病人和其家屬，一位同學這樣形容她的經驗，「從書本講義上，我們向外跨出，

好像新聞系學生要採訪，像地科系學生要實地探勘地質，像戲劇系畢生要演一齣舞台劇，我們將護理搬上講台……。」

　　關於課程的設計方面，有位學生的觀點為「四年來少有如此活的課程，不同的學習方式，老師不必在學生背後 push push，用考試來看學習效果，而給我們更大的空間，經由討論方式來請教老師，在當中更學到如何審慎訂出探討問題的核心，每個主題有不同的特性，怎樣的呈現最貼切……」

　　在她們結果的呈現與討論時，大家不僅對性騷擾、生活壓力、生涯規劃有較清楚的認識，也明白自己即將面對的環境，擬出該有的生活態度，在談到「護生到護士之角色轉換與調適」的議題，有如下的回應，「由於我們面臨護生要轉換到護士之角色，心裡難免有些緊張，不知未來如何，真有前途茫茫的感覺，幸好這一組同學介紹這題目，讓我們知道歷屆學姊在各家醫院工作的情形，以及她們給我們的建議，讓我們心裡有些準備。」

　　在時空上，課程安排符合時代脈動方面，「討論的七個議題都很跟隨時勢」，當日後我們在課堂上討論性騷擾時，報章新聞上也正很熱絡地爭議著這個問題，有位同學提到「七週來的報告，讓我有一種充實感，彷彿去聆聽演講般精彩，然而，其生活化與親切感，卻是聆聽演講換不來的。」

(二) 自我觀照

　　自我觀照，意指人對自己的觀察與照現。每個人所形成的態度是她自己在實地觀察、在爭辯中、在自省中完成的。其中重要是經由參與的觀察，跳出自己原有的基模，產生對話，引發另一種觀點。這部分包括當下的生活與過去的經驗。

1. 當下的生活

　　學習者對於當時面臨的課程議題、進行討論時觀察員的眼光、自己學習的態度都有一些觀照。

　　「透過『護理專業問題研討』讓我們可以深入去思考其中到底對專業的體驗與認知有多少。」顯示學生主動思考此課程對她的意義。

　　團體討論時，每組都有一位固定的觀察員，她們提到觀察員的出現，使自身在話語離題太遠之際，能夠知所警惕，觀察員的角色似面鏡子，讓同學藉著「鏡子」看到自己，因此在發言時針對議題，較不會言不及義。

　　在學習態度方面的自省，出現不同的型態，一位是「團體報告中，喜歡討論的那段時間，如老師說的『那才有感覺！』對！就是這樣，大夥兒把心得感想提出來分享，雖有冷場，總有人解圍；當把所聽到的報告，經過自己思考，融合一下，和同學分享時，對這主題領受更深，可能又開啟另

一思考之門，再多想些，感覺好棒！」另一位同學自省其個人的學習，她提到「捫心自問，自己真正參與聽其他組報告的次數實在少得可憐，說是大夜剛下班，還是醫院實習忙碌煩瑣，都只是藉口罷了，反正蠻後悔就是了，時間奔逝不再復返，自己最好曉得現在在做什麼。」後者的自我觀照是發自個人以內在的標準衡量自己，起自於想改變現狀的內心。

2. 過去的經驗

課程互動的過程中，個人久遠記憶裡的事物因外界事物的牽引而再被提起，促使她重新去面對、審理過去的經驗，在再度地正視自己的內心世界，這種生命中過去與現在事物的交織，是企圖消解過去未完成的事，以開創新的格局。

一位學生在聽完「性騷擾」的課程後，寫到「當時很用心聽，只因它可能發生在我身上；再加上剛到一醫院實習基本護理，就遇上此問題，當時不知如何處理，只是面不改色的走了。當事情發生的剎那，我幾乎有點呆了，從沒想過如此的問題竟然發生了，發生在自己的身上，回校的車途中，告訴了老師同學，沒有人理會我當時的心情，在乎的是，發生的經過，以及為何不馬上告訴老師或病房護士小姐……」這段經驗呈現出個體藉著環境中議題的引導，能夠不再壓制而是真誠地面對不愉快的過去。

另有位同學在報告後，繼續重整自己的經驗，提到「報告完『生命的故事』，讓自己聯想到一個問題，這陣子實習

過程中，曾遇到兩個案例，其中一位病人及家屬，皆拒CPR急救，且簽同意書，當血壓下降時，醫師護士沒給予任何急救，病人因此很安詳的走了；而另一位病人，當他血壓下降時，就給予CPR急救，全身上下佈滿機器及管子，靠著這些外來物維持生命，病人在無意識下度過一夜，隔天還是走了。這兩種方式何者為優呢？如果結果都一樣，當然前者較佳，一個完整的人，就是所謂善終，只因還未做之前，我們不知結果如何……。」

(三)生命的轉化

這是個體在豐富的學習園地裡，真誠地與環境互動，觀照自身的生活，引發出生命的轉化，是徹底明白自己所面臨的，並且真誠地面對自己的生命，其中包括自在自得與愛人的能力。

1. 自在自得

個人親身體驗自己當下的生活，不去汲營於個人無法掌控的事，處於「自在」的自然狀態，此時能夠消解個人的執著，而開發無限的精神空間，虛靜地面對自己，對事物形成新的觀點，是「自得」的處境。

一位曾經很為自己畢業後出路煩惱的同學，在分析自己的人生觀以及外在環境的特性（生涯規劃）之後，提到「經

過此番思索得到一個結論，不管選擇哪裡，我都會選其所愛，愛其所選，日後絕無一句後悔，因為縱使把所有的因素都考慮到，也不見得能選擇最好的路，因為未知的事實在太多了，如果能以一顆著實的心，安穩地、努力地走著，縱使逆境也可變順境。」

還有幾位同學提出其學習方面的收穫，「聽完同學報告之後，我鼓起勇氣成為第一個發問的人，這次發問行動對自己意義很大，表示自己真正在思考，而且也努力將自己的想法說出，除了訓練自己的腦筋運轉，也是訓練口才及膽識，上完這堂課，蠻有成就感的。」此為個人能力上的轉變；其他兩位對於口頭報告的型態，產生新的觀點：「報告也許並不完整，但是經過老師的指導後，我也學會如何去發掘問題，找出方向，剖析問題，看出什麼是有意義的，什麼是值得做的，不再像從前為了應付報告，而拚命找資料抄。」

「直到四下的專題討論報告結束，我才恍然大悟，原來一個成功的題目議題，不僅要嚴謹，最重要的是引發聽眾們知識性、感性、人道主義、內省式的啟示。」

2. 愛人的能力

愛人的能力是一種關懷他人、能夠給予及包容的狀態，被愛的人是否能有愛人的能力？可能更需要的是認識他（她）人的處境，經由了解而原諒，以進關懷；此外，了解到自己的被愛，認識自身的豐饒，亦較容易給予，能夠關愛他（她）

人；然而諒解或了解到被愛的存在，是個人內在生命的體認，很難只經由他（她）人口語的告白而產生變化。一位同學在聆聽她人的故事後，產生下面的自述，「很謝謝這組同學讓我們知道性騷擾是什麼、一般人有哪些錯誤的觀念，以及該如何面對及調適自己，假若在實習之前就學過，我想在當時，我應不會馬上走了，應該會與那病人談談吧！」這位敘事者由她人的述說中，浮現出過去不愉快的經驗，隨著在課堂內的互動，讓自己跳脫出受害者的角色，能夠寬容病人進而想與騷擾者談話，以了解他的困境。

　　還有位同學由他人的經驗裡照現自己生命的豐富，而欲關懷別人，「我印象最深刻的，可說是『生命的蛻變』，我真的很難想像一位母親無法接受自己親生的孩子，我體會到『雖不能改變生命的長短，但可改變生命的寬廣；雖不能改變容貌，但可綻現笑容；雖不能改變天氣，但可改變心情；雖不能事事順利，但可以事事盡力。』看完她們的表演（角色扮演敘述發生在病房的一個故事），我忍不住掉下眼淚，我常想為何有父母一直在為延長子女的生命而努力，有的卻有截然不同的做法及想法，我很慶幸有這麼幸福的家庭，以及生活在充滿愛的校園中，我該好好珍惜我所擁有（自得），並幫助那些我能幫助的人。」

　　此外，同學共同討論的經驗，也讓其體會到對人的包容，「我學習到如何去綜合包容他人的意見，因為一件事情的發生，會刺激每個人去思考，最後可能會產生不同的反

233

應，每個人都要有度量去包容採納各方面的意見。」

　　學習是個人主動與環境互動產生的，在成長的環境中，個人知覺到自己的需求（自我觀照），自由地學習，不僅自在自得，而且發展愛人的能力。

四、教育者的立場

　　本研究的重點在觀看這個課程裡學習者的變化，發現在豐富的園地中，經由自我觀照產生成長，自我的成長是基於滋養環境，如果環境中缺乏資源與支持，則不能培養負責任之自省，反而造成自我的傷害（Hall, Stevens, & Meleis, 1994）。學習的情境中很重要的一部分是教育者的態度，現將分別由「生而不有」、「欣賞的批評」和「用心若鏡」三方面進行討論。

(一)生而不有

　　天地孕育萬物，它提供一個環境，萬物在其中自行生長，「生而不有，為而不恃，長而不宰。」護理照顧所面臨的是非常複雜的情境，很難用簡單的法則規定所有活動的進行，老師在傳授知識之外更重要的是營造出一個能夠思考的課程內容（applying content as thinking）（Diekelmann, 1993b），

在這樣豐富的園地裡，為師者如同天地滋潤萬物一樣照顧學生，其中沒有人犧牲，也沒有人虧欠，這種愛才能持久（王邦雄等人，1989），在愛的情境裡，個人的生命才能發生轉化（Krishnamurti, 1954），容易形成關懷他人的德性。

有時候，人很難像天地那樣「不有」、「不恃」、「不宰」，人會對自己給予的對象產生一些期望（依自身的需求而非適合當事人），這種不合現實的想法，往往造成雙方面的困境。老師時常期望學習的行為結果，能達到既訂的課程目標，這種以行為結果取向的教學方式，在美國護理教育界實行近三十年，目前也發現其中有許多問題，導致護理照顧時，重視結果與問題解決，而缺乏關懷的眼光（Diekelmann, 1993b）。

因此，設計這門課程，事前考慮學生的背景及需要，安排討論的議題與時間，注重其個別處境與需求；此外，學生經由這樣的討論，學到領導與包容，能夠引發他人的能力（empowering）；同時，同學經由聆聽報告、參與討論得到「聞見之知」的過程裡，由內在生命發出自在自得、愛人的心之「德性之知」（余英時，1976）。雖然「生而不有」的關懷情境可促進生命的成長，但是，每位個體有自己的步調，成長的速度也不同，教師僅能引導，很難有為地製造齊頭式的成長。

(二)欣賞的批評

老師可以創造出一個讓同學彼此支持、共同為自己營造人性化學習環境的氣氛（Montgomery, 1993），此時教育者需要以欣賞的批評態度（朱光潛，1988），把自己放在作品（課程）裡面去分享它的生命。包括事先的課程設計、課程進行時與同學的討論、聆聽其結果的呈現，以及閱讀同學的心得，都在考量學習者的處境。

最初，課程由一學分改為兩學分，面對改變，我們有了冒險的心情，經過一番思索，決定將對話（dialogue）的時間（團體討論）排入課堂。這樣的安排基於幾個理由：1.根據過去授課經驗，知道學生必須用晚上自習的時間，進行資料的整理與討論（慶幸的是大家都住校）。2.團體的討論與對話是一種非常主動的學習方式，但是需要某些引導。3.四年的護理學習生涯，已經累積許多體驗。4.每個人的經驗都與她人不同，大家相處在一起可以綻放出美妙的事物。課程評值是以同學參與討論的情形，團體報告的呈現（包括口語及書面），未採考試的方式。

在此課程中，老師以傾聽者非批判性的態度引導團體的討論，讓學生感到自信且有安全感，因而能夠冒險嘗試改變（Boer & Moore, 1994）；同時，在團體中彼此平等的關係，形成同學之間的合作重於競爭，師生關係輕鬆而不緊張，如

此能促成個人自在的表達，產生自我觀照，引發成長的談話（empowering conversation）；此外，各小組同學共同準備一個報告，在彼此協助裡經驗到關懷的氣氛（Hughes, 1992, 1993），這種情境幫助自在、自得與愛人能力的展現。

㈢用心若鏡

人心易執著，也能虛靜（王邦雄等人，1989）。當人執著於個人的學識、地位與經驗，很難產生情境中的自由（situated freedom），不僅無法觀看她（他）人的處境，同時，個人生命難與外界互動。當人心存虛靜，沒有掛礙，產生情境中的自由，存在於每個當下的經驗，易與環境發生一種彼此交融（communion）的狀態（Krishnamurti, 1954），不僅可以觀看到他人的有趣，也使自己的生命活絡起來。這種著重生命與德性、重實踐的文化內涵，正是討論護理倫理時所應根植。

人的虛靜心如同一面鏡子，《莊子》〈應帝王篇〉中提到「至人之用心若鏡，不將不迎，應而不藏，故能勝物而不傷。」（張默生，1973）鏡子對於外物是不抵抗、不迎合、毫不隱藏的給予反映，因此能夠承載事物而不受傷害，我們若能用心若鏡，就沒有執著，不會扭曲別人，也不會累壞自己（王邦雄等人，1989）；假若老師的角色像一面鏡子，其功能是否只在消極的照現？實際上，鏡子助我們「正衣冠、

明得失、知興替」，何以至此？因為經由鏡子的照現，我們很自然地決定自己該有的修正，能預知日後對事件該有的反應（Hagerty & Early, 1992）。這種情境下的修正是源自於自己內在生命的覺察，相對於外在批評產生的受挫與防禦，此種自省較易造成生命的開放與成長，這觀點顯現在本研究結果中之自我觀照部分，所以上述莊子這種人際互動的方式，是值得我們引用於師生間的互動。

老師經由啟發式的對談中（不抵抗、不迎合），幫助學生認識事物，引導她們找到屬於自己的答案。同樣的，學生也是老師的一面鏡子，經由學生這面鏡子，老師看到自己在教學上該有的變化。這個教學相長的經驗中，顯現學生教老師學會如何教（Diekelmann, 1993a）的意義，是一種彼此交融的狀態。

進行此研究時，曾面臨些問題，到底學生的反應是不是真的？個人是否自戀式地觀照自己？關於前者，由現象學的角度，每個人所呈現的就是她（他）當時所信的，由研究者的角度，是要選取豐厚的敘述，加以整理，讓讀者容易體會認識，因此有學者認為現象學的研究不僅只如鏡子般照現事實，其功能更優於鏡子（Packer, 1989），身為研究者更要關心的是自己是否清楚的傳達現象；關於後者，是筆者在整理資料時不斷反觀自己的部分，必須跳脫美麗的話語，篩選出資料中能夠呈現具體事物的部分（故事），同時參照其他互動資料，思考其意義，進行整理，在本研究討論中坦誠面

對,並請同事評論。

此外,筆者進行研究的可靠度時,將本文回歸於學生,傾聽其反應,用以照現資料呈現的合適性,提到「很訝異老師敢用我的資料,我寫的太老實了。」另有位談到過去常是「為寫作業而寫作業」,在寫護理計畫時,對自己失敗的經驗常捨去不寫,以免遭到批評,但是看過這篇文章後,發現老師重視的不一樣,可以是「重視過程,並不一定在意結果的成敗。」

身為一位實地參與的研究者,具備反省的能力,不僅促成研究的完成,同時幫助自我的成長與實現(蔣欣欣,1991;Lamb & Huttlinger, 1989)。

五、結論

這篇是藉著質性研究的方式,詮釋「護理專業問題研討」課程中,發展出的成長;主要是根植於文化特質,重視生命與德性的實踐,產生內在的自我超越。

現今社會中的護理專業,是否為一個表現人性的場所?倘若我們期望存在於這樣的領域裡,護理教育者有不容忽視的角色與功能。「護理專業問題研討」課程的設計,也是建構於這樣的思考,在課程的互動過程後發現,其中發生「在豐富的園地裡,藉著自我觀照,出現生命的轉化。」而存在

於這情境裡，該有的生活（教學）態度是「生而不有」、「欣賞的批評」、「用心若鏡」。

誌謝

感謝提供這些資料的學生，她們那麼認真地看待自己的學習與生命的關係，與我們分享。這篇文章的呈現，是來自於這些感動，以及馬鳳岐主任的鼓勵，並謝謝許樹珍、黃愛娟老師、喻永生醫師的意見，余玉眉教授提供的參考資料。

參 考 文 獻

中文部分

王邦雄等人（1989）。**中國哲學家與哲學專題**。台北：國立
　　空中大學。

石元康（1992）。多神主義的困境──現代世界中安身立命
　　的問題。**當代，70**，16-31。

朱光潛（1988）。靈魂在傑作中的冒險。談美（頁 45-53）。
　　台北：大夏。

牟宗三（1975）。中國哲學的特質何以落在主體性與道德性。
　　於牟宗三，**中國哲學的特質**（頁 9-18）。台灣：學生。

余玉眉（1986）。護理理念的演變。**護理薪傳，1**（4），
　　250-255。

余英時（1976）。**歷史與思想**。台北：聯經。

余英時（1990）。從價值系統看中國文化的現代意義。**中國
　　傳統思想的現代詮釋**（頁 1-51）。台北：聯經。

李明明（1993）。人文藝術教育的新路向與法國經驗。**當代，
　　90**，12-20。

杜維明（1990）。儒家的現階段發展。於杜維明，**儒家自我
　　意識的反思**（頁 189-225）。台北：聯經。

張默生（1973）。莊子新釋。台北：樂天。

陳伯璋（1992）。潛在課程研究。台北：五南。

蔣欣欣（1991），質性研究與護理實務。榮總護理，**8**（1），
91-94。

顧忠華（1993）。人類的文明與命運。當代，**89**，16-31。

西文部分

Addison, R. B. (1989). Grounded interpretive research: In investigation of physician socialization. In M. J. Packer & R. B. Addison (Eds.), *Entering the circle: Hermeneutic investigation in psychology* (pp. 39-85). New York: State University of New York Press.

Benner, P. (1984). *From novice to expert: Excellence and power in clinical nursing practice.* Menlo Park, Calf: Addison-Wesley.

Benner, P. (1989). *The primacy of caring: Stress and coping in health and illness.* Menlo Park, Calf: Addison-Wesley.

Bevis, E. O. (1993). All in all, it was a pretty good funeral. *Journal of Nursing Education, 32* (3), 101-105.

Boer, C., & Moore, C. (1994). Ecosystemic thinking in group Therapy. *Group Analysis, 27,* 105-117.

Denzin. N. K, (1989). *Interpretive Interactionism.* London: Sage.

Diekelmann, N. L. (1992). Learning-as-testing: A heideggerian hermeneutical analysis of the lived experiences of students and teachers, *Advances in Nursing Science, 14*(3), 72-83.

Diekelmann, N. L. (1993a). Spending time with students: Keeping my door open. *Journal of Nursing Education, 32*(4), 149-150.

Diekelmann, N. L. (1993b). Behavioral pedagogy: A heideggerian hermeneutical analysis of the lived experiences of students and teachers in baccalaureate nursing education. *Journal of Nursing Education, 32*(6), 245-250.

Fry, S. T. (1994). *Ethics in nursing practice: A guide to ethical decision making.* Geneva, Switzerland: ICN.

Hagerty, B. M. K., & Early, S. L. (1992). The influence of liberal education on professional nursing practice: A proposed model. *Advances in Nursing Science, 14*(3), 29-38.

Hall, J. M., Stevens. P. E., & Meleis, A. I. (1994). Marginalization: A guiding concept for valuing diversity in nursing knowledge development. *Advances in Nursing Science, 16*(4), 23-41.

Hamilton, J. B. (2001). The ethics of end of life care. In. B. Poor & G. P. Poirrier (Eds), *End of life nursing care* (pp. 73-103). MA: Jones & Bartlett.

Hughes, L. (1992). Faculty-student interactions and the student-perceived climate for caring. *Advances in Nursing Science, 14*(3), 60-71.

Hughes, L. (1993). Peer group interactions and the student-perceived climate for caring. *Journal of Nursing Education, 32*(2),

78-83.

Krishnamurti, J. (1954). *The first and last freedom.* Illinois: The Theosophical Publishing House.

Lamb, G. S., & Huttlinger, K. (1989). Reflexivity in nursing research. *Western Journal of Nursing Research, 11*(6), 765-772.

Lashley, M., & Wittstadt, R. (1993). Writing across the curriculum: An integrated curricular approach to developing critical thinking through writing. *Journal of Nursing Education, 32*(9), 422-424.

Leininger. M. M. (1981). *Caring: An essential human need.* Detroit, Michigan: Wayne State University Press.

Loving. G. L. (1993). Competence validation and cognitive flexibility: A theoretical model grounded in nursing education. *Journal of Nursing Education, 32*(9), 415-421.

Miles, M. B., & Huberman A. M. (1994). *Qualitative data analysis.* London: Sage.

Montgomery, C. L. (1993). *Healing through communication: The practice of caring* (pp.127-134). London: Sage.

Packer, M. J. (1989). Tracing the hermeneutic circle: Articulating an ontical study of moral conflicts. In M. J. Packer & R. B. Addison (Eds.), *Entering the circle: Hermeneutic investigation in psychology* (pp.117). New York: State University of New York Press.

Riessman, C. K. (1993). *Narative analysis*. London: Sage.

Sheu, Shuh-Jen.（許樹珍）(1992). The lived experience of Taiwanese nursing students practicing in a psychiatric unit: A heideggerian hermeneutical analysis. *Thesis of Master,* University of Wisconsin-madison.

Smith, M. C. (1994). Arriving at a philosophy of nursing: Discovering? constructing? evolving? In J. F. Kikuchi & H. Simmons (Eds.), *Developing a philosophy of nursing* (pp.43-60). London: Sage.

Smith, M. J. (1992). Enhancing esthetic knowledge: A teaching strategy. *Advances in Nursing Science, 14*(3), 52-59.

Swanson, K. M. (1992). Empirical development of a middle range theory of caring. *Nursing Research, 40,* 161-166.

Swanson, K. M. (1993). Nursing as informed caring for the well-being of other. *Image: Journal of Nursing Scholarship, 25*(4), 352-357.

國家圖書館出版品預行編目資料

護理照顧的倫理實踐／蔣欣欣著. -- 初版.
-- 臺北市：心理, 2006（民 95）
面；公分. --（醫療系列；1）

ISBN 978-957-702-951-5（平裝）

1. 醫學倫理

198.41   95017703

醫療系列 1　　**護理照顧的倫理實踐**

作　　者：蔣欣欣

執行編輯：林怡倩

總　編　輯：林敬堯

出　版　者：心理出版社股份有限公司

社　　址：台北市和平東路一段 180 號 7 樓

總　　機：(02) 23671490　　傳　　真：(02) 23671457

郵　　撥：19293172　心理出版社股份有限公司

電子信箱：psychoco@ms15.hinet.net

網　　址：www.psy.com.tw

駐美代表：Lisa Wu　Tel：973 546-5845　Fax：973 546-7651

登 記 證：局版北市業字第 1372 號

電腦排版：臻圓打字印刷有限公司

印 刷 者：東縉彩色印刷有限公司

初版一刷：2006 年 9 月

定價：新台幣 250 元　　■ 有著作權·侵害必究 ■
ISBN-13　978-957-702-951-5
ISBN-10　957-702-951-5

讀者意見回函卡

No. _____   填寫日期：　年　月　日

感謝您購買本公司出版品。為提升我們的服務品質，請惠填以下資料寄回本社【或傳真(02)2367-1457】提供我們出書、修訂及辦活動之參考。您將不定期收到本公司最新出版及活動訊息。謝謝您！

姓名：_____　　　性別：1□男　2□女

職業：1□教師 2□學生 3□上班族 4□家庭主婦 5□自由業 6□其他____

學歷：1□博士 2□碩士 3□大學 4□專科 5□高中 6□國中 7□國中以下

服務單位：_____　部門：_____　職稱：_____

服務地址：_____　電話：_____　傳真：_____

住家地址：_____　電話：_____　傳真：_____

電子郵件地址：_____

書名：_____

一、您認為本書的優點：（可複選）

　❶□內容 ❷□文筆 ❸□校對 ❹□編排 ❺□封面 ❻□其他____

二、您認為本書需再加強的地方：（可複選）

　❶□內容 ❷□文筆 ❸□校對 ❹□編排 ❺□封面 ❻□其他____

三、您購買本書的消息來源：（請單選）

　❶□本公司 ❷□逛書局⇨_____書局 ❸□老師或親友介紹

　❹□書展⇨____書展 ❺□心理心雜誌 ❻□書評 ❼其他_____

四、您希望我們舉辦何種活動：（可複選）

　❶□作者演講 ❷□研習會 ❸□研討會 ❹□書展 ❺□其他_____

五、您購買本書的原因：（可複選）

　❶□對主題感興趣 ❷□上課教材⇨課程名稱_____

　❸□舉辦活動 ❹□其他_____　　　（請翻頁繼續）

廣　告　回　信
台　北　郵　局　登　記　證
台　北　廣　字　第　940　號
（免貼郵票）

心 理 出 版 社 股份有限公司

台北市 106 和平東路一段 180 號 7 樓

TEL: (02) 2367-1490
FAX: (02) 2367-1457
EMAIL:psychoco@ms15.hinet.net

沿線對折訂好後寄回

六、 您希望我們多出版何種類型的書籍

❶□心理 ❷□輔導 ❸□教育 ❹□社工 ❺□測驗 ❻□其他

七、 如果您是老師，是否有撰寫教科書的計劃：□有□無

書名／課程：_____

八、 您教授／修習的課程：

上學期：_____

下學期：_____

進修班：_____

暑　假：_____

寒　假：_____

學分班：_____

九、 您的其他意見

_____

謝謝您的指教！　　　　　　　　　　　　　　　91201